NILTON BONDER

Cabala e a arte do tratamento da cura

Tratando a dor, o sofrimento,
a solidão e o desespero

Copyright © 2019 by Nilton Bonder

Ilustrações
ESTHER BONDER

Direitos desta edição reservados à
EDITORA ROCCO LTDA.
Rua Evaristo da Veiga, 65 – 11º andar
Passeio Corporate – Torre 1
20031-040 – Rio de Janeiro, RJ
Tel.: (21) 3525-2000 – Fax: (21) 3525-2001
rocco@rocco.com.br
www.rocco.com.br

Printed in Brazil/Impresso no Brasil

Preparação de originais
NATALIE DE ARAÚJO LIMA

CIP-Brasil. Catalogação na publicação.
Sindicato Nacional dos Editores de Livros, RJ.

B694c	Bonder, Nilton
	Cabala e a arte do tratamento da cura: tratando a dor, o sofrimento, a solidão e o desespero / Nilton Bonder; ilustrações de Esther Bonder. – 1ª ed. – Rio de Janeiro: Rocco, 2019.
	: il.
	(Reflexos e Refrações; 2)
	ISBN 978-85-325-3163-6
	ISBN 978-85-8122-786-3 (ebook)
	1. Cura pela fé. 2. Saúde – Aspectos religiosos – Judaísmo. 3. Bem-estar. 4. Cabala – Aspectos da saúde. I. Bonder, Esther. II. Título.

19-60587
CDD: 615.852
CDU: 615.852

Meri Gleice Rodrigues de Souza - Bibliotecária CRB-7/6439

Impressão e Acabamento: EDITORA JPA LTDA.

A Theo
e a outros super-heróis

Com sabedoria fomos criados...
contendo orifícios e cavidades.
Caso um deles venha a ser
bloqueado ou aberto,
já não se poderá existir.
Abençoada a fonte da cura, que
sara toda a carne e faz maravilhas!

(LITURGIA MATINAL JUDAICA)

SUMÁRIO

INTRODUÇÃO 9
A CABALA E O TRATAMENTO 11
  A cura 12
  Sarar x *inteirar* (*heal*) 12
  Holos – O inteiro é maior do que o todo 14
  Vida 16
  Vida da vida 17

I
Tratamentos

Físico - Tratando a dor explícita 21
  A dor é mais real do que você (*aié* – onde?)

Emocional - Tratando o sofrimento explícito 27
  O melhor caminho (*eicha* – como pode?)

Intelectual - Tratando a dor implícita 35
  Como o junco e não como o cedro
  (*aieka?* – onde estás?)

Espiritual - Tratando o sofrimento implícito 47
  Não temerei, porque estás comigo
  (*hineni* – aqui estou!)

II
Antídotos

A antidor *(Físico)* 57
O antissofrimento *(Emocional)* 67
A antissolidão *(Intelectual)* 75
O antidesespero *(Espiritual)* 89
APÊNDICE 105

INTRODUÇÃO

A intenção deste livro é ser terapêutico. Ele se propõe a oferecer tratamento, mas não se trata de um método para suprimir ou amenizar enfermidades e disfunções. "Tratamento", aqui, é uma abordagem, é aproximar-se de um tema. Abordar é chegar, é adentrar um território. A arte está exatamente em como pintá-lo, em como expressar uma esfera da vida e suas manifestações. Portanto, mais do que a busca de fármaco, de um elixir para moléstias, *Cabala e a arte do tratamento da cura* diz respeito a diagnosticar a parte do sistema a ser regenerada ou reabilitada.

E essa abordagem deve ser feita de forma sistêmica. Um organismo é um sistema, ou seja, um conjunto de elementos que se inter-relacionam. Esse sistema, por sua vez, está inserido em um outro, ainda maior, também de elementos que se relacionam entre si.

Tratar a saúde será colocá-la em seu lugar real: é a partir desse lugar que ela responde não só pelo desejo orgânico de um corpo em bom funcionamento, mas por seu desempenho diante das expectativas de governança do sistema maior. Há então, por assim dizer, não só o "mal estar", mas o "mal ser" de um organismo. O "mal estar" responde por problemas internos de um sistema, e o "mal ser" indica patologias para com o sistema, do qual nosso próprio sistema é parte.

Sem complicar demais, já que o importante é tratar, tratemos!

A CABALA E O TRATAMENTO

Tratar é a especialidade da Cabala. Lembremo-nos de que a Cabala é um artifício interpretativo que se vale, entre outros recursos, da decomposição das várias competências de um sistema para aprofundar o entendimento acerca de seu conjunto. Para tal, subdividir, seja a realidade ou um sistema, é seu método preferencial.

O primeiro ponto a estipular é o de que o tema da cura corresponde à *Sefirá* de *Netsach*. O termo *Netsach* se traduz por "vitória ou perpétuo" e representa a instância das táticas ou das engenharias. E é isso o que a Cura significa: a manutenção do mecanismo que garante vigor ao corpo. Ou seja, a cura é uma manifestação de *Netsach* no âmbito da vida, onde se gerencia toda sorte de problemas. Tratar cura como *Netsach* é nosso primeiro ato interpretativo.

Nosso segundo ato interpretativo será usar as quatro dimensões das manifestações: o campo físico, emocional, intelectual e espiritual. Em cada uma dessas manifestações há um foro particular para a cura.

A CURA

Transladando a metáfora do Risco, presente no primeiro livro desta coleção – *Cabala e a arte de manutenção da carroça* –, ao universo da Cura, podemos dizer que o corpo está para a carroça assim como o viver está para a estrada. Nela, o corpo é perfurado, se rompe, quebra, trava, se desgasta, acumula, se congestiona, entope, se desregula, se desarranja, falha e finda. E para essas situações há protocolos e *backups* de toda sorte.

Podemos classificar essas curas simbolicamente nos quatro planos. No plano físico se Regenera; no emocional se Reabilita; no intelectual se Recupera; e no espiritual se Resgata. Cada um deles tem processos orgânicos de natureza distinta. Os que ocorrem no plano físico o corpo regenera e cicatriza; no emocional, o corpo coagula, inflama e calcifica; no intelectual, ele infecciona e imuniza; no espiritual, o corpo desconecta por via de desmaio, coma ou do próprio encerramento definitivo da função vital.

Sim... a morte é parte do complexo da cura.

SARAR X *INTEIRAR* (*HEAL*)

A palavra que melhor define o empenho em sobreviver é "guerra". Quando ameaçados em nossa existência, quando em alerta sistêmico, nos colocamos automaticamente em modalidade "batalha". E isso é a cura: uma campanha com o arrojo de quem tem tudo a perder.

Em guerras de mortais, de não onipotentes, o fundamental é não sucumbir nem à impotência, nem à prepotência. Discernir estratégias de *fight* (enfrentar por ataque) e *flight* (enfrentar por recuo) é a maior gestão da arte da guerra. A cura é feita de intervenção e assistência, mas também de entrega e cessão.

A parte relativa à "luta" diz respeito à tentativa de sarar que se manifesta em níveis físico e emocional. Nessas esferas, sarar é a única expectativa possível do sistema porque nelas os distúrbios se manifestam sensorialmente de forma explícita – na dor e no sofrimento. No entanto, na dimensão da "entrega" (da guerra pelo recuo), o ato de *inteirar* (*heal*) trata da cura possível em esferas mais subjetivas. Justamente por não haver nelas manifestação sensorial explícita, o ato de *inteirar* não sara, mas pode suprir, preencher e suplementar, resultando em alívio e na percepção de *desenfermar*. Tornar inteiro um corpo que não está íntegro é o esforço de que trata essa instância da cura.

Essa área de *healing* compreende as esferas intelectual e espiritual. Nelas, a dor implícita não pode ser medida como "mal estar" físico ou emocional, porém pode, ainda assim, ser mensurada no "mal ser", presente na percepção de exclusão (intelectual) ou de menos-valia (espiritual).

Para os pragmáticos e objetivos – para quem as doenças existem apenas na dimensão concreta de dores e sofrimentos –, é importante reconhecer que, para além do sistema particular que é o corpo, interagimos também com um sistema externo do qual o corpo é parte. As entregas, ou os *healings*, só têm efeito porque conseguem produzir "bem ser" por terapêuticas que se harmonizam com o sistema maior. Disso trataremos adiante com mais profundidade.

Por ora, o importante é definir que a cura implica medidas para sarar e *inteirar* um organismo.

Holos – O inteiro é maior do que o todo

> *Enquanto trabalhava desmontando o motor de uma motocicleta, um mecânico reconheceu um famoso cirurgião cardiologista que observava seu trabalho. O mecânico interrompeu sua tarefa e se dirigiu ao médico: "Posso lhe fazer uma pergunta?" Surpreso e curioso, o cirurgião se aproximou do mecânico e da motocicleta, como que consentindo com a pergunta.*
>
> *"Veja esse motor... eu abro seu coração, tiro suas válvulas, conserto-as, depois as recoloco e fecho novamente. Quando tudo termina, ele volta a funcionar como novo. Então por que razão ganho tão menos que o doutor, mesmo fazendo trabalho tão semelhante?" O cirurgião se abaixou e disse ao pé do ouvido do mecânico: "Experimente fazer isso tudo com o motor funcionando!"*
>
> Anedota de autor desconhecido

A vida não é mecanicista, fragmentada, mas orgânica. Ela está associada a um organismo que se intercomunica e existe integrado a uma totalidade. Mais que isso, a definição de organismo pressupõe um propósito ao corpo vivo que extrapole a própria natureza de seu aparato. Por propósito não estamos evocando crença ou dogma, mas o fato de que essa vida é anterior e ulterior a si mesma enquanto fenômeno individual. Ela é um "engenho animado" pela função de preservar um projeto que lhe é exterior.

Mesmo num mundo desafiador à imaginação, com inteligência artificial e tantas inovações, ainda assim se mostra improvável produzir um robô com propósito próprio. Claro, podemos programar nele um propósito ou induzi-lo a criá-lo, mas ele não é capaz de produzir ele mesmo esta necessidade. Isso porque propósitos estão fora do ser, numa intrincada relação com o sistema maior, no qual o organismo está inserido. Para tal, o "robô" deveria ser mais do que uma unidade, precisaria ser uma entidade, um *holos*, engatado sistemicamente tanto em foro interno quanto externo. Teria que se encaixar em algum processo evolutivo que o tornasse inteiro, numa transcendência do próprio corpo ou do todo que o compõe.

O cirurgião tem um difícil trabalho porque se a centelha dessa *intranet* se afastar da *web* na qual está plantada, o autômato perde pulso e assim se estabelece uma falta de sintonia em que o viço e a vitalidade desapareçam. Infelizmente, certas "curas" produzidas por medicinas mecanicistas em nossos dias logram manter o equipamento humano funcionando, porém, pateticamente destituído da inteireza de um ser vivo.

VIDA

Vida é um projeto que visa realizar um propósito. O projeto está aberto a todas as oportunidades e obstáculos com os quais se depare e, a partir destes eventos randômicos, produz estratégias de sobrevivência. Às vezes a vida caminha para um beco sem saída, onde não será possível nenhuma estratégia. E essas estratégias, por sua vez, também são dinâmicas e evolutivas, impactando até mesmo o propósito inicial, alterando-o sistemicamente.

A morte não existe como processo independente da Vida. Tanto para a religião quanto para a biologia, a morte é uma invenção posterior à vida. O texto bíblico coloca o advento da morte no final do sexto dia da criação, até mesmo depois da criação humana. Para o livro cabalístico do *Zohar*, a morte é a razão pela qual Deus manifesta sua apreciação através da expressão: "E eis que era muito bom." Pergunta o *Zohar*: "O que era muito bom?" E a resposta é: "A morte."

A morte é o toque final que conclui a obra.

De forma similar, a biologia entende que a morte é a tática escolhida pelos seres de porte maior para otimizar sua perpetuação. A opção deste modelo – diferente de algumas formas de vida marítimas, que perpetuam sua existência num único corpo regenerante – gerou tanto o sistema reprodutivo como o de senescência. A reprodução e a morte são etapas de uma mesma função. Curar a vida, do ponto de vista biológico, é reabilitá-la para seu fim (*pun intended!*). Sim, fim no sentido de finalidade, e também fim como término. Mais complexo do que manter a vida viva é fazer com que o ser seja funcional para o interesse da vida. Há um intrincado departamento de nossa saúde incumbido da função de nos matar. Conhecida como "envelhecimento", essa área deliberadamente se ocupa do descarte e da finalização de um módulo individual da vida.

Com certeza, nossas medicina e ciência, se levadas ao extremo do sarar, representam uma quebra deste cânone. Isso será uma nova etapa da evolução ou uma inadequação que se resolverá pelo recurso da extinção. Nossos problemas de sustentabilidade, sejam ecológicos ou por longevidade, são a fronteira onde se delineará essa questão.

VIDA DA VIDA

A vida não tem uma razão e esse é seu mistério sagrado. A vida artificial não pode acontecer através da inteligência pelo simples fato de não haver uma razão para viver. Um bebê luta para sobreviver; para ele é inconcebível querer morrer. E por quê? Porque a vida seria talvez prazerosa? Não parece ser, há bebês que nascem com graves e dolorosos problemas de saúde e mesmo assim lutam para viver. Basta tentar explicar a um suicida qual a razão para se viver e se descobrirá o quão pantanoso é este terreno. Não há razão para viver! A vida da vida é essa ausência de razão.

A vida é apenas preciosa. Se houvesse uma razão para viver, ela seria tão boa ou grande quanto sua grandeza. E quão boa pode ser tal razão, já que qualquer razão é por definição finita e questionável?

A vida é irracional, mas não por imperfeição. Os humanos atribuem à inteligência um valor absoluto por ser ela sua mais sofisticada faculdade. Mas nada impede que o que não tenha razão represente outro tipo de razão ou de metarrazão. O fato é que a vida, nós a queremos antes de pensar; trata-se de uma vontade que antecede a Inteligência. Não precisamos de uma razão para viver, ao contrário: justamente porque queremos viver, começamos a criar razões para viver.

A luta pela vida é nossa razão antes da razão. E a cura está entrelaçada com esta irracionalidade; ela é um componente deste "querer sem razão". A natureza de tal razão oculta talvez se "explique" no fato de que esteja fora do próprio ser vivo. Um querer tão profundo que se faz externo ao indivíduo; ele é tão paradoxal que nos preserva e elimina numa única lógica. Importante, portanto, tratar a cura como um braço dessa tal vida da vida, de suas congruências e seus desdobramentos.

I

TRATAMENTOS

Físico
TRATANDO A DOR EXPLÍCITA

A dor é mais real do que você* (*aié* – onde?)

> Conta-se que numa aldeia uma menina começou a chorar sem parar. De início, os pais não deram maior atenção, mas o choro ganhou intensidade e perdurou pela noite, indo até o outro dia. Preocupados, os pais chamaram o médico local, que examinou a menina, medicou-a e tentou tranquilizá-la, porém sem sucesso. O choro persistiu por dias e foi deixando os pais aflitos e receosos por sua saúde.
> Resolveram, então, pedir ajuda ao rabino local. Quando o rabino chegou, foi direto até a menina. Sentou-se a seu lado e lhe sussurrou algo ao pé do ouvido. Não tardou

---
* Leonard Cohen.

> muito e o choro começou a perder força. Ela se pôs a soluçar e gradativamente foi recuperando o fôlego até que, finalmente, parou de chorar.
> Os pais ficaram radiantes e gratos ao rabino, mas muito curiosos. Insistiram para que lhes contasse o que havia dito à menina para surtir efeito tão rápido e positivo. O rabino então falou: "Eu simplesmente disse a ela que chorasse sim, que chorasse, mas só até onde lhe doía e não mais que isso!"
>
> Tales of Wisdom, F. Klagsbrun

A dor é o sexto sentido.** Diferentemente dos outros sentidos – visão, audição, paladar, tato e olfato –, ela não é uma leitura da realidade exterior, mas interior. Importante não confundir a dor com sentimentos como alegria, tristeza, medo, raiva, afeto, confiança, aversão ou surpresa, todos processados pelo sistema límbico. Os sentimentos são avaliações daquilo que vivenciamos, detectando o "estado do ser" interno frente à realidade externa. Dessa forma, a dor se assemelha a um sentimento, porém com a particularidade de ser um sentido.

** Apesar de falarmos de cinco sentidos, existem cerca de vinte sentidos registrados no corpo humano. O uso aqui refere-se à noção popular de que dispomos de cinco sentidos principais.

Isso dá a ela uma qualidade única tanto com relação à experiência humana quanto à própria vida. Tal como a visão prevalece sobre os sentidos clássicos, a dor reina diretamente sobre os sentimentos, apesar de não ser parte deles. Enquanto os cinco sentidos precisam ser decodificados para impactar os sentimentos, a dor atua diretamente sobre eles. E para o humano, esse animal racional, a experiência de que sua razão não vai intermediar entre sentidos e sentimentos torna a dor o mais primal acesso a si mesmo. Por isso ela é mais real do que o próprio ser.

A função da dor é dupla: proteger uma parte danificada do corpo enquanto se busca uma cura e evitar experiências semelhantes no futuro. A primeira função é priorizar a cura sobre todas as demais tarefas. A segunda é fazer com que não nos esqueçamos de nossas dores e que a coleção de suas experiências nos guarde e proteja. Por causa da segunda característica, confundimos ainda mais a dor com um sentimento, porque a memória da dor que serve para evitar repetições dos danos se enraíza nas emoções. Sua experiência é sensorial, porém sua memória é emocional. A dor é, enfim, nossa conversa mais íntima com a função de preservação da vida, nosso cordão umbilical com um sistema fora de nosso sistema.

A história da menina que não para de chorar aponta esse aspecto ambíguo da dor, em que não sabemos distinguir se ela é sensorial ou emocional. E para a cura é fundamental a clareza de que a dor é sensorial. A cura precisa de acuidade, de diagnóstico. Nada deve mascarar o epicentro da avaria ou da pane. Quanto mais pontual e menos difusa a dor, maior sua competência. A menina de nossa história chora um choro interminável. Ela transforma em emoção a dor e retira sua potência. Na verdade, ela experimenta a dor em seus dois aspectos simultaneamente: a urgência sensorial da dor que fala com o momento presente e a memória da dor que antecipa o momento futuro. Vemos isso em crianças pequenas quando sofrem uma queda. Seu choro vem misturado da dor do impacto e do susto registrado na memória. Quando os pais sabem atuar de forma a separar as duas, o choro é reduzido ao real tamanho da dor, que está associada tão somente à cura.

Quando juntas, essas duas características da dor estabelecem um *looping* insuportável. Elas se retroalimentam e, ao invés de produzir a precisão tão necessária à cura, fazem embaciar e desorientar. A dor é para orientar, é alvo e centro da atenção. Por isso ela é uma intensidade aflitiva cuja função é reverberar o quão urgente é resolvê-la.

A reação à dor deve ser imediata e inequívoca: cadê a cura?! É guerra, é estado de exceção e é toque de recolher. Qualquer distração é o oposto da dor. Na manifestação clássica dessa aflição, a tradição espiritual cunhou a pergunta-conceito *aiê?* (cadê?). Tudo o que importa na dor é "cadê?". E a súplica da dor é expressa por "onde se encontra o meu-Deus-minha--mãe-minha-Cura".

A dor exige assistência a ser obtida a partir de recursos internos, externos ou, em espécies mais evoluídas, a partir de intervenções e auxílios. O rabino sussurra para a menina: "Tudo bem... deixe a dor doer. A dor não é a moléstia, ela apenas dá valor sensorial à moléstia, etapa essencial da cura. Ela não cessará por você, e atua em seu nome, impedindo qualquer desvio de atenção até que a ameaça à sua integridade seja atendida." A dor é um atalho que escapa de nosso discernimento, e essa perda de autonomia nos assusta. Quando o rabino valida a dor, reconhecendo-a como sendo algo favorável a nosso ser, isso acalma a menina. Ela não está diante de um monstro, e sim de um grito profundo de sua própria vida.

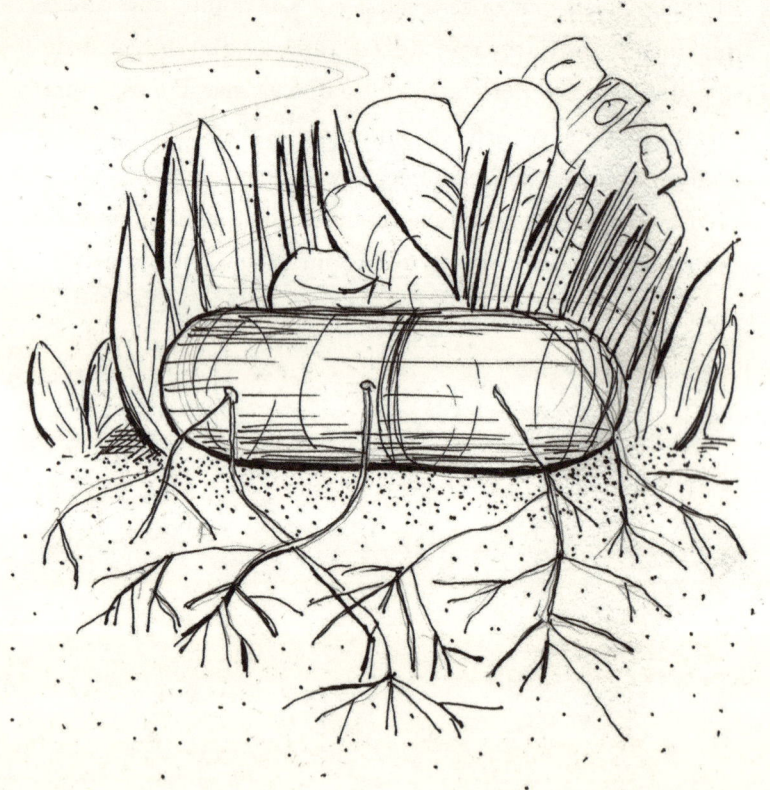

Emocional
TRATANDO O SOFRIMENTO EXPLÍCITO

O melhor caminho (*eicha* – como pode?)

> *Um homem foi até o rabino Israel Baal Shem Tov com uma pergunta: "O Talmude nos diz que devemos bendizer a Deus por aquilo que nos acontece de mau assim como por aquilo que nos acontece de bom. Como é possível tal coisa para um ser humano? Se os sábios tivessem dito que devemos aceitar sem reclamação o amargor que nos cabe em nosso destino, isso eu até poderia entender. Posso até aceitar que, em última instância, tudo é para o bem e que devemos agradecer a Deus até por aquilo que é negativo em nossas vidas. Mas como é possível, para um ser humano, reagir a algo que experimenta como mau da mesma maneira que responde a algo que lhe é*

bom? Como pode alguém se sentir grato por seus problemas da mesma forma que por suas alegrias?"

O Baal Shem Tov respondeu: "Para encontrar a resposta à sua pergunta, sugiro que vá até meu discípulo Reb Zusha de Anipol. Somente ele poderá ajudá-lo nesta questão!"

E assim fez o homem. Procurou Reb Zusha, que o recebeu calorosamente e o convidou para hospedar-se em sua casa. O visitante resolveu então observar a rotina e a conduta de Reb Zusha antes de lhe fazer a pergunta. Não demorou em constatar que seu anfitrião bem exemplificava o dito talmúdico que o deixara perplexo. Ele não conseguia se lembrar de ninguém que tivesse uma vida tão dura quanto Reb Zusha. Vivia na penúria absoluta: faltava comida em sua casa, e sua família padecia de miséria e de várias doenças graves. E, apesar de tudo, esse homem vivia bem-humorado e positivo, expressando constantemente sua gratidão a Deus por toda a sua bondade.

Qual seria o seu segredo? E como conseguia ser assim?

Disse então: "Eu desejo lhe perguntar algo. Na verdade, essa é a razão da minha *vinda até você... nosso querido mestre sugeriu que apenas você poderia me oferecer a resposta."*

"E qual é a pergunta?", reagiu Reb Zusha.

Após ouvi-la, Reb Zusha disse: "Quer saber... você está fazendo uma ótima pergunta... Mas o que me faz mais curioso é por que o Baal Shem Tov lhe teria enviado até mim. Como posso saber? Ele deveria ter lhe sugerido procurar alguém que realmente tivesse experimentado sofrimentos em sua vida! E este não é o meu caso."

Shivtei HaBesht, Dan Ben-Amos

Como tratar o sofrimento? O sofrimento não é uma dor física. O sofrimento não acontece nos sentidos, mas nos sentimentos. É verdade que a raiva, o medo e a tristeza podem gerar reações físicas de toda sorte, mas isso só ocorre numa condição de efeito, nunca de causa. Diferentemente da dor que dói através de um sentido físico, a dor do sofrimento é uma dor emocional; é uma ferida em sentimentos.

Nossa história traz essa tensão reverberante entre a concretude do sofrimento e sua ilusão. Reb Zusha sofre, mas não sente. Esse é um tema central para o budismo, que pratica reduzir ou até anular o sofrimento, identificando-o com sentimentos atrelados ao "ego" e às miragens que produz. Quanto a isso, é preciso que reconheçamos: por mais que o sofrimento doa e seja "sentido", sua natureza está mais próxima a um "sentimentalismo". Curioso é o fato de o verbo "sentimentalizar" não existir, o que nos obriga a utilizar indiscriminadamente o verbo "sentir" tanto para sentidos quanto para sentimentos. Uma das derivações da palavra "sentimento" é o termo "sentimentalismo", cujo significado é o exagero de emoções positivas, tal como a admiração ou o romantismo. No entanto, também deveríamos utilizar esse termo para o sofrimento, já que se trata de uma afetação por estímulos emocionais em excesso. Essa irritação ou lesão emocional necessita de tratamento.

Sem menosprezar o mal-estar causado pelo sofrimento, Reb Zusha indica que é possível não senti-lo. Jamais se poderia sugerir isso para a dor. O rabino da primeira história instrui categoricamente a menina para que sinta a dor em todo o seu valor, sem, claro, inflacioná-la. Reb Zusha, por sua vez, parece estar em outra esfera, falando de um lugar que lhe permite atrever-se a descartar o sofrimento, como se não lhe houvesse acontecido.

Para honrar a cura, Reb Zusha não pode estar em outra modalidade que não a da "guerra", mas aqui ele pontua um ensinamento importante: a estratégia não acontece por resistência, e sim por contenção. Enquanto a dor é um estímulo a ser atendido com obstinação, o sofrimento é uma sensação a ser acolhida com parcimônia. Relaxamento, sobriedade e humildade atenuam o sofrimento e lhe são terapêuticos.

Poderíamos querer atribuir ao sofrimento, tal como à dor, a função de instaurar uma urgência pela cura. No entanto, diferentemente do senso comum, o sofrimento tem efeito contrário a essa urgência, muitas vezes procrastinando ações a seu atendimento. É comum os sofreres se mostrarem distrações da verdadeira dor. Eles nos vitimizam e fazem parecer que o epicentro do desconforto é a própria pessoa, e não a causa da dor. Culpar outros ou a si mesmo parece trazer algum conforto, como uma sensação de controle. No entanto, isso obstrui a cura.

Devemos entender que o mundo emocional não possui sentidos, mas tão somente sentimentos. Entre esses, a raiva e a tristeza são os mais comuns nas enfermidades e disfunções, demandando sua *dessensibilização* ou sublimação a fim de que a cura se efetue. Isso significa adotar uma tática distinta da que é exigida para tratar a dor, uma medicação de outra natureza.

A etimologia da palavra "medicar" deriva de "avaliar" ou encontrar "o melhor caminho". Este é sempre relativo àquilo que está sendo tratado. Trata-se de um modelo sistêmico da cura. Ele tem a capacidade de apontar o melhor caminho dependendo do território onde se esteja. No caso da dor, por exemplo, a cura pode vir a partir do acréscimo de outras dores. Infelizmente, muitas terapias e remédios implicam novas dores e desconfortos propositalmente provocados com o objetivo de sarar. Mas isso ocorre porque a dor não é a moléstia em si, mas um alerta sobre ela. No caso do sofrimento isso é bem distinto, já que ele é parte da enfermidade. Por essa razão não se pode curar sofrimento por meio de outros sofrimentos, assim como ninguém agravaria a própria moléstia vendo nisso uma expectativa terapêutica.

A esfera e a natureza do sofrimento são outras, e sua tipificação se dá em torno da pergunta "como pode?" (*eicha?*). O *Livro de lamentações* do cânone bíblico cunha essa questão como a interrogação recorrente no sofrimento. A lamúria e o gemer são manifestações da indignação tão compreensível e inevitável diante do mal-estar. Ninguém pode, no entanto, se dar ao luxo de ficar indefinidamente em estado de aflição. Somos, gradativamente, levados a assimilar a ideia de que sim, "pode". Como pode? Pode! E é justamente a partir daí que se delineia um "melhor caminho".

Intelectual

TRATANDO A DOR IMPLÍCITA

(Solidão/Discriminação)

Como o junco e não como o cedro
(*aieka?* – onde estás?)

SOLIDÃO

> Muitas histórias são contadas sobre Rabi Yochanan ben Zakkai, famoso por seu talento em curar. Quando ficava sabendo de um rabino doente, ia de imediato visitá-lo e tratava de aliviar seu padecimento.
> Rabi Hya bar Aba ficou enfermo. Rabi Yochanan foi visitá-lo e disse a ele: "E tens estima por teus sofrimentos?" Rabi Hya respondeu: "Nem por eles nem por quaisquer de suas recompensas!" Rabi Yochanan disse: "Dá-me tua mão!", e em seguida estendeu a sua mão e o ergueu [curou].

◊◊◊

> *Rabi Yochanan ficou doente. Rabi Yonatan foi visitá-lo. Disse então para ele: "E tens estima por teus sofrimentos?" Ele respondeu: "Nem por eles, nem por quaisquer de suas recompensas!". Rabi Yonatan disse: "Dá-me tua mão!" Ele estendeu a sua mão e o ergueu [curou].*
>
> *Como assim? Então Rabi Yochanan não poderia ter erguido a si mesmo!*
>
> *Eles dizem [diz-se] – um prisioneiro não pode libertar a si mesmo de uma prisão!*
>
> (Talmude Ber. 5b)

Essa história minimalista apresenta vários dos elementos importantes para essa nova dimensão da cura. Estamos no território de sentidos e sentimentos implícitos que não têm natureza orgânica, mas psíquica. Aqui, tanto a dor quanto o sofrimento não se originam no próprio corpo e suas disfunções, mas no vínculo com o outro e nas disfunções intelectuais que experimentamos em nossa relação com a vida.

Nenhuma outra espécie experimenta dor ou sofrimento implícitos. Essas manifestações são produtos da consciência humana e do processo intelectual instaurado em nossa evolução, com grandes impactos na maneira como vivemos.

Estamos na dimensão intelectual, que é quase um segundo corpo para o ser humano. Esse novo corpo é a personalidade, a plataforma existencial que cada um elabora em sua primeira infância. A partir desse novo ser conceitual a entidade que irá interagir com a vida vai se tornando tangível. É desse mesmo "corpo" feito de psique humana que surgirá uma nova categoria de moléstias, com um novo padrão de disfunções. Tais patologias, catalogadas e descritas pela psicanálise, permitem um novo tipo de tratamento e um "melhor caminho" específico.

Vamos abordar primeiro a dor (implícita), cuja estranha característica é ter sua origem não em si, como na dor explícita, mas no outro. E teremos que entender também por que ela seria definida como uma dor, já que para tal teria que ser oriunda de um sentido.

Diferentemente do sofrimento (explícito), que é o estresse provocado por emoções retroalimentadas, a dor psíquica advém de estímulos que se assemelham a uma dor, detectando machucados e danos reais à estrutura do ser humano.

Uma das contribuições mais importantes da psicanálise foi dar dimensão corpórea a essas personalidades psíquicas. A psicanálise evoluiu justamente da observação e do tratamento dessas dores, que por sua vez permitiram estabelecer esse outro corpo com acuidade. Ele foi desenhado a partir das dores das quais se queixavam os seres humanos, o que permitiu que se retratasse um corpo invisível a partir de suas patologias. O corpo psíquico foi provado e tateado justamente por suas dores.

A psicanálise categoriza essas personalidades por psicose, neurose e perversão, criando uma teoria para as diversas estruturas desse novo "corpo" e elaborando sobre as causas de sua constituição. Para nosso interesse interpretativo e sistêmico, basta que estabeleçamos padrões desta esfera da vida humana e suas implicações para a cura.

A dor do outro, no âmbito da cura, está em dois polos: a dor da falta do outro – a solidão – e a dor imposta pelo outro – a discriminação. Foi a partir dessas dores que a psicanálise produziu seu saber.

A última história aborda a questão da solidão no âmbito da cura. Rabi Yochanan tem expertise na área da cura através de uma expressão fundamental para a tradição judaica: *bikur cholim*, visitar um enfermo. Para além do aspecto solidário que há em fazer companhia a uma pessoa que está doente, a tradição intuiu outra função de cura para as dores psíquicas (implícitas) através da visita: a presença do visitante produz um efeito terapêutico próprio.

A solidão é a escuta exclusiva de si mesmo. A inexistência de um outro que possa intervir e debater com nossos pensamentos é mediada, na proposta psicanalítica, por um terapeuta. Ele ou ela se torna o outro em visita à nossa solidão, em visita a um pensamento prisioneiro. Esse outro terá potência terapêutica por via de um rito de psicodrama (terapia) para curar exclusivamente as feridas produzidas no contato com os outros. E para a teoria psicanalítica existem "outros" preferenciais com capacidade de nos ferir – eles seriam ninguém menos do que nossos pais. Seja como for, para nossa história, o "outro" é Rabi Yochanan, que surge com a potência de um terapeuta.

A história é econômica, como deve ser a maioria das histórias, particularmente as que aparecem no Talmude. Mas a chave terapêutica é apresentada: "E tens estima por teus sofrimentos?" Rabi Yochanan está perguntando se o enfermo tem fixação ou estima pelos males que sente. Qual a razão de perguntar se alguém tem apreço por suas dores? Isso não faria sentido, a não ser que a resposta aponte para aspectos implícitos, obscuros, do corpo a ser tratado. Rabi Yochanan está se certificando se o enfermo reconhece em si um corpo latente. Ao mesmo tempo, está evocando seu desejo "guerreiro", com o intuito de engajá-lo num processo terapêutico desse corpo latente, no qual se estabeleceu uma patologia.

A resposta é ainda mais precisa e preciosa: "Nem por eles [sofrimentos], nem por quaisquer de suas recompensas!" Em primeiro lugar, a cura depende do reconhecimento e da legitimação dessas dores. Só quando reconheço as dores posso me engajar em rejeitá-las, buscando me desafogar, livrando a mim mesmo do jugo de sua opressão. Em segundo, ela passa pela expressão "nem por suas recompensas!". A alusão aqui é às estruturas intelectuais que "prometem" algum tipo de recompensa em contrapartida a essas dores. O paciente percebe com clareza em si construções intelectuais que alimentam e amparam essas dores, mas já não quer mais suas falsas "recompensas" que em realidade não curam. Munido de urgência e subjetividade, o paciente sai da solidão pronto para a batalha com seus moinhos de vento.

É fundamental que exista uma mão capaz de nos erguer, e essa mão é a alteridade, a alavanca que cura: " E ele estendeu a sua mão e o ergueu!"

Para completar o circuito, a história apresenta agora Rabi Yochanan doente. A mesma cena e o mesmo script disponibilizam a cura ao até então terapeuta, agora na condição de paciente. E surge um estranhamento: por que ele não poderia curar a si mesmo, uma vez que conhece o enredo e as condições para a terapia?

Ele não pode porque a dor que se origina em outro só pode ser curada com a presença de um outro. Ele não pode sarar a si mesmo porque as doenças da solidão não são curáveis sem um *bikur*, sem uma visita. Afinal "um prisioneiro não pode libertar a si mesmo de uma prisão".

DISCRIMINAÇÃO

Os sábios ensinaram sobre o junco: "Uma pessoa deve ser sempre flexível como o junco e nunca rígida como o cedro."

Um incidente ocorreu quando Rabi Elazar voltava de uma visita a seu mestre em Migdal. Ele montava seu burrico e passeava pela margem do rio. Estava muito feliz e sua cabeça estava inchada de orgulho porque havia estudado muito a Torá. E aconteceu de cruzar com uma pessoa extremamente feia [bizarra] que o saudou: "Saudações a você, meu rabino!" Rabi Elazar não retornou a saudação e respondeu: "Aberração humana! Quão feio é esse homem! E de onde tu vens são todos tão feios como tu?"

O homem reagiu: "Não sei dizer, mas você deveria ir perguntar ao Artesão que me criou e dizer: quão horrível é a peça que Você criou!"

Quando Elazar se deu conta de que havia pecado e insultado o homem apenas por conta de sua aparência, desceu de seu burrico e prostrando-se, lhe disse: "Pequei para contigo, perdoa-me!" O homem respondeu: "Não te perdoo até que vá ao Artesão que me fez e diga para Ele: quão horrorosa é a peça que Tu forjaste!"

Elazar começou a seguir o homem, tentando apaziguá-lo, até que chegaram à cidade onde morava o primeiro. As pessoas rapidamente vieram cumprimentá-lo: "Saudações, meu Rabi, meu mestre!" O homem então disse: "Quem vocês estão chamando de 'meu Rabi, meu mestre'?" Eles disseram: "A este homem andando atrás de você!" Ele respondeu: "Se este sujeito é um rabino, queira Deus que não haja muitos como ele!" Eles disseram: "Por que diz isto?" Ele então lhes contou o que tinha feito com ele.

Disseram para o homem: "Mesmo assim perdoa-lhe, pois é grande mestre e intelectual!"

O homem então disse a eles: "Por vocês eu irei perdoar, desde que ele se comprometa a não mais se comportar dessa maneira." De imediato, Rabi Elazar correu para a casa de estudos e ensinou: "Uma pessoa deve ser sempre flexível como o junco e nunca rígida como o cedro!"

Por esta razão foi dado ao junco o mérito de ser o material da pena com a qual o escriba escreve o pergaminho da Torá e os objetos sagrados.

Talmude, Taanit 20a

A história retrata a insensibilidade que até mesmo um mestre erudito pode cometer ao interagir com outro que lhe seja diferente. E é muito comum que enfermos experimentem essa dor, causada por rejeição e aversão. Não é preciso sequer ignorância grosseira como a do sábio de nossa história, bastam sutilezas para estabelecer distância e segregação com seu efeito tão cruel. "E de onde tu vens são todos feios como tu?" – é assim que o texto revela o grau de afastamento e banimento através dos quais os saudáveis ou "normais" relegam ao ostracismo os doentes e excepcionais.

Pessoas sofisticadas podem ser impiedosas sem se dar conta do potencial maléfico de sua condição como "outro". Aqui, em vez de "erguer", o sábio "derruba", agravando a condição que o vulnerável experimenta. E a história, mesmo rendendo homenagens à "flexibilidade do junco", é cáustica, reprovando rigidamente essa postura. Agir assim é imperdoável, e o tal homem não libera Rabi Elazar até que o tenha pessoal e publicamente vexado. Essa é a magnitude da dor da discriminação sentida pelo ser humano.

As patologias que trazemos das crueldades de nossos outros mais importantes, sejam pais ou pares na escola, estão gravadas como dores em nosso intelecto. O rabino é insensível e simboliza o ser humano que não consegue elevar-se para dignificar sua própria potência. A altivez do cedro e sua inflexibilidade são produtos de um orgulho que não reconhece a vulnerabilidade de todos nós. Hoje estamos altivos em nosso burrico, amanhã somos nós vivendo as dores da solidão e discriminação.

O pergaminho sagrado e suas letras são escritos com esse mérito da flexibilidade, simbolizando empatia, acolhimento e benevolência. O junco eleva as letras a esse lugar de humanidade e sua substância representa uma delicadeza própria para tratar da fragilidade humana. Assim como o outro "ergue", o outro "derruba".

A pergunta-conceito nessa esfera é "onde estás?" (*aieka?*). Essa é a pergunta que Adão ouve de Deus no momento grave de sua vida, quando experimenta vergonha e inadequação logo após comer o fruto proibido. A solidão e a discriminação que o humano se impõe só podem ser quebradas pela presença personalizada de Outro. Deus se mostra aqui terapeuta tanto por oferecer diálogo a Adão, mas principalmente porque percebe a dor de seu exílio e solidão.

A má compreensão do processo terapêutico a que Deus o convidava leva Adão a interpretar erroneamente a pergunta. Vê nela o indício de um afastamento que só irá piorar seu isolamento. "Onde estás?" não se trata de uma cobrança, mas da disponibilização para encontrar e visitar o parceiro terapeuta. Representa as palavras mágicas repletas de humanidade, capazes de "erguer".

É a súplica por um parceiro terapeuta, aquele que visita o doente e que, em ato mágico de sua humanidade, seja capaz de erguer.

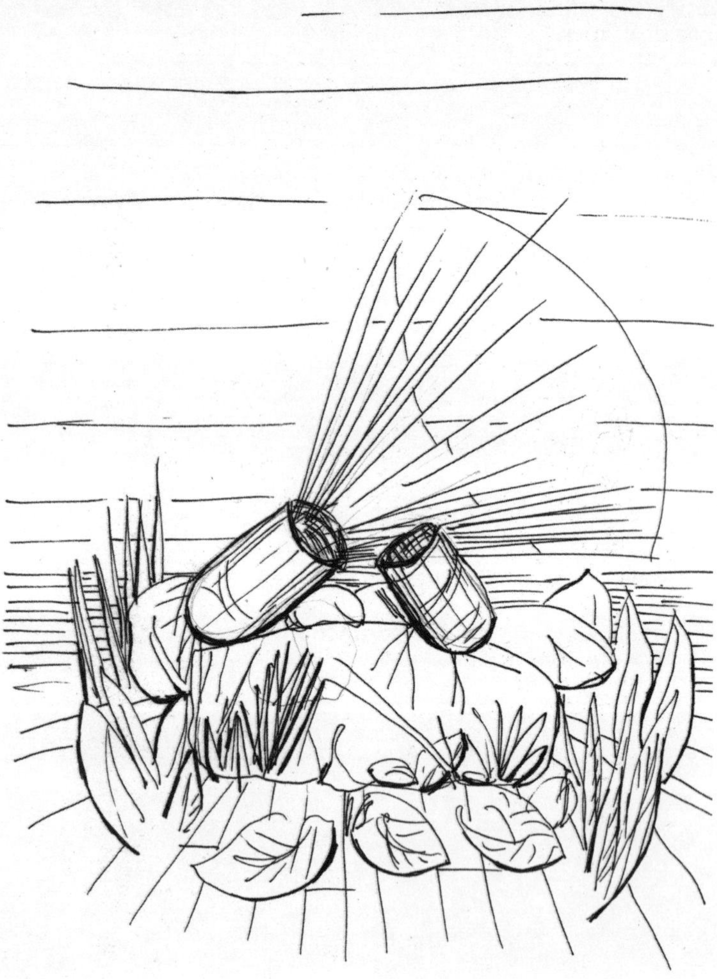

Espiritual
TRATANDO O SOFRIMENTO IMPLÍCITO

(Desespero)

Não temerei, porque estás comigo (*hineni* – aqui estou!)

> Conta-se que outro discípulo de Rabi Yochanan, Rabi Elazar, caiu doente. Rabi Yochanan foi visitá-lo e viu que estava deitado num quarto escuro. Rabi Yochanan expôs seu braço e uma luz irradiou de sua carne, preenchendo todo o recinto. Ele viu então que Rabi Elazar estava chorando. Rabi Yochanan perguntou: "Por que você está chorando?" Pensando que Rabi Elazar chorava pelos sofrimentos que provara em sua vida, Rabi Yochanan tentou confortá-lo: "Se você estiver chorando porque não estudou tanto a Torá quanto gostaria, lemos nas escrituras: 'aquele que traz um sacrifício substancial e aquele que traz um sacrifício minguado têm o mesmo mérito desde que o coração esteja bem-intencionado.' Se estiver chorando porque está sem salário e

impossibilitado de ganhar seu sustento [já que Rabi Elazar era muito pobre], também lemos: 'nem todos têm o mérito de comer de duas mesas, uma de fortuna e outra de Torá', e não precisas padecer por conta disso. Se estiver chorando por filhos que tenham morrido, tens aqui o dente de meu décimo filho, e sofrimentos deste tipo acontecem mesmo para grandes pessoas, são infortúnios passíveis pelo fato de se amar."

Após ouvir Rabi Yochanan, Rabi Elazar respondeu: "Não estou chorando por nenhum infortúnio, mas sim por sua beleza, que irá decompor-se na terra." Rabi Yochanan então disse: "Por isso, certamente, é apropriado chorar." E ambos choraram por conta da natureza fugaz de todas as belezas desse mundo e sobre as quais a morte irá por fim se impor.

Nesse ínterim, Rabi Yochanan perguntou: "E tens estima por teus sofrimentos?" Ao que Rabi Elazar respondeu: "Nem por eles e nem por quaisquer de suas recompensas!" Ouvindo isso, Rabi Yochanan disse, por fim: "Dá-me tua mão!" Ele estendeu sua mão e o ergueu [curou].

Talmude Ber. 5b

Adentramos aqui em uma nova esfera do sofrimento implícito em território espiritual. Esse sofrimento não é feito de sentimentos, de emoções, mas de estimas. São afetos e deferências existenciais que emolduram nossa vida. E esse tipo de sofrimento pode nos levar ao desespero e à depressão. Como no caso do sofrimento explícito, a tática de cura será, também, mais por entrega do que por enfrentamento. Os sentimentos, diferentemente dos sentidos, sempre podem ser transfigurados e neutralizados.

A história que acabamos de contar nos ajuda a penetrar nesse território. Rabi Yochanan veio aplicar seu esquema corriqueiro de visita e de cura. Ele está pronto a questionar Rabi Elazar sobre seu apego ao sofrimento e, subsequentemente, a erguê-lo. No entanto, há algo de diferente nesse episódio. O quarto está escuro. A profundidade do desespero parece maior em tal cenário. Rabi Yochanan expõe o seu braço, provavelmente o mesmo que está acostumado a "erguer" os enfermos. E dessa parte de seu corpo emana uma luz. Ela evidencia a grandeza humana que um braço é capaz de produzir. Por sua vez, Rabi Elazar está chorando, em uma situação algo similar à nossa primeira história – em que a menina não parava de chorar.

Rabi Yochanan deseja consolá-lo e supõe vários sofrimentos possíveis a fim de explicar seu choro. Ele os apresenta e, um a um, Rabi Elazar os desqualifica como sendo "dores ilegítimas", que não representavam sua verdadeira condição de sofrimento.

Rabi Elazar revela, então, que não está chorando por sofrimentos explícitos. Não é por tristeza, raiva ou inveja: seu choro é existencial. Chora pela natureza efêmera de tudo e até do braço de Rabi Yochanan. Capaz de erguer enfermos, esse braço é um ícone da potência humana, mas que um dia também será decomposto e apodrecerá – como toda carne e toda vida.

Nesse momento, Rabi Yochanan reconhece a profundidade do que está acontecendo e chora junto com Rabi Elazar. Chora porque este último se refere a uma dor digna de choro na experiência humana acerca de afetos e saudosismos. Chora, mas só até onde dói. E agora, tendo manifestado empatia e descido com Rabi Elazar ao abismo de sua verdade, Rabi Yochanan pode voltar a aplicar seu esquema de cura.

Por mais que esse sentimento faça sentido, ele ainda assim é um sofrimento. "E tens estima por teus sofrimentos?", pergunta Rabi Yochanan, refeito em seus poderes curativos. Mesmo esses sofrimentos implícitos e sua infinita profundidade são sofrimentos. Basta não estimá-los, nem a eles, nem às suas recompensas, para que se possa ser erguido novamente.

O desespero não é causado pela solidão, ou seja, pela ausência de pessoas, mas pela sensação de exílio da própria vida, que é em si a maior estima que experimentamos em nossa existência. Precisamos agora de uma visita, mas não apenas do outro humano e terapeuta. Nesse lugar de fé precisamos continuar com o parceiro eterno de nossas vidas. Até esse instante, sempre existimos dançando e fazendo dupla com a vida. Não sabemos imaginar ou experimentar a possibilidade de não tê-la junto a nós. Os Salmos declaram: "Não temerei, porque estás comigo!" O sujeito dessa presença pode ser Deus, Alá, Adonai, Jesus... mas, em realidade, é da vida que falamos. A vida é maior do que a nossa vida individual. Se conseguirmos honrar esta percepção, então uma presença se instalará em nosso desespero. Reencontramos o parceiro com o qual podemos dançar mesmo que para fora do corpo físico.

E o conceito-pergunta nesta esfera é *hineni*, eis-me aqui. Essa é a expressão quase macabra com a qual Abraão responde à convocação de Deus para que sacrifique seu filho. E é a mesma expressão dita quando o pai Abraão demanda do filho que o acompanhe na loucura deste comando e se apresente sobre o altar. Ambos dizem: *hineni*, eis-me aqui. Essa entrega na condição de oferenda tem semelhanças com a narrativa de quando o pai, logo o Pai, nos convoca para entregar nosso próprio corpo. E acaso seria menos bizarra a demanda para que devolvamos aquilo que foi sempre nosso próprio cerne e, em verdade, nosso único bem?

Talvez possa mediar esse irreconciliável e obsceno comando o fato de que os Salmos louvam a presença: "Não temerei, porque estás comigo!" E num lugar paradoxal, talvez *hineni* – eis-me aqui – seja a resposta não daquele que se apresenta para ser imolado, mas do parceiro espelhado que reassegura neste momento de soltar, de deixar ir, sua própria presença – *hineni!* Eis-me aqui!

Rabi Yochanan consegue assim erguer Rabi Elazar. Não é um erguimento de sarar, mas de *inteirar*, de fazer com que se possa estar de pé quando o momento de se entregar ocorra. Rabi Yochanan aqui não é o outro, não tem o poder de dizer *hineni* e marcar presença. Pode apenas, de forma implícita, evocar a fé de Rabi Elazar para que este espere desse Outro – vida ou divindade – presença e parceria em seu ato derradeiro de cessão. Assim, a experiência de afastamento se desvanece e uma proximidade íntima nos abraça no exato momento de nos perdermos de nós mesmos. O tal beijo da morte que talvez mais se assemelhe a um abraço.

QUADRO SISTÊMICO DA CURA

FÍSICO	EMOCIONAL	INTELECTUAL	ESPIRITUAL
DOR	SOFRIMENTO	SOLIDÃO-DISCRIMINAÇÃO	DESESPERO
dor explícita	sofrimento explícito	dor implícita	sofrimento implícito
sentido físico	sentimento emocional	sentido psíquico	sentimento existencial
regenerar	reabilitar	recuperar	resgatar
sarar pessoal	inteirar pessoal	sarar coletivo	inteirar coletivo
enfrentamento por ataque	entrega por ataque	enfrentamento por recuo	entrega por recuo
aié (onde está?)	*eicha* (como pode?)	*aieka* (onde estás?)	*hineni* (aqui estou!)
cicatrizar-coagular	inflamar-infeccionar	imunizar	reproduzir-morrer
júbilo	gratidão	esperança	fé

II

ANTÍDOTOS

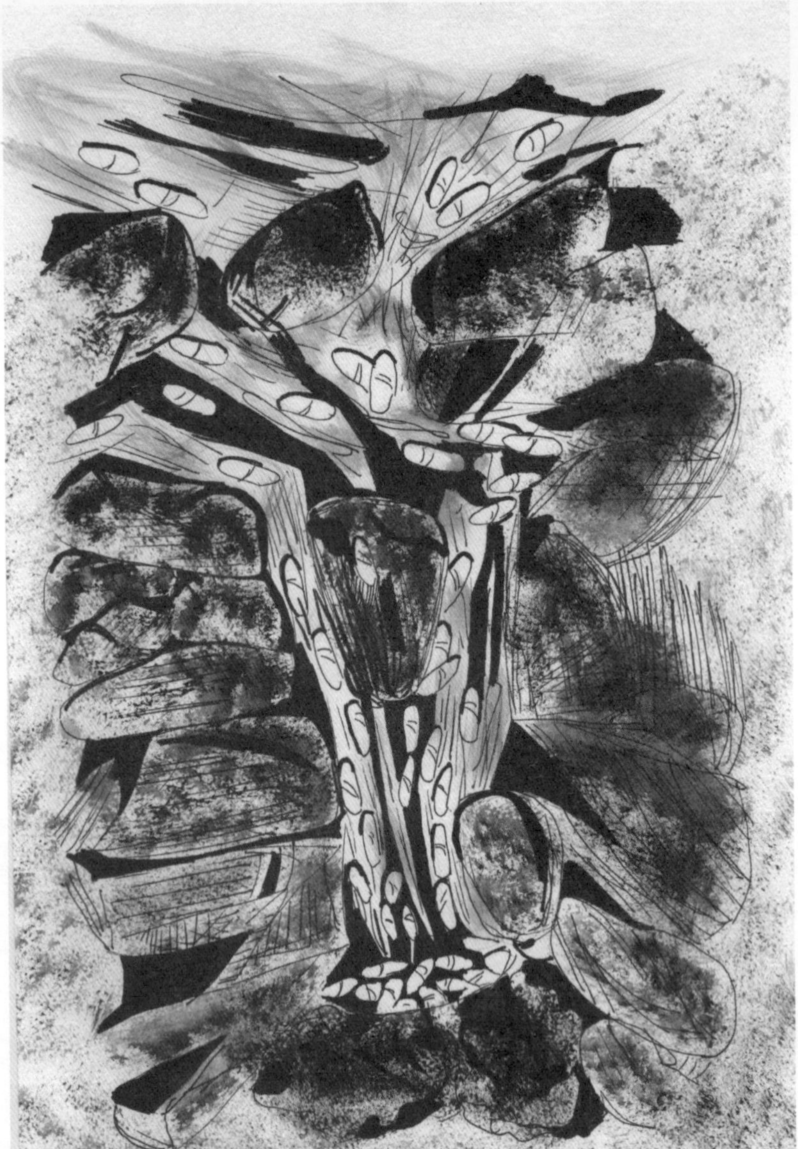

A antidor

(Físico)

"Uma pequena ferida no corpo causa uma extensa ferida na alma." (Maggid de Mezeritch)

PEDIR É CURAR

> Uma mulher veio ao rabino de Beltz pedindo que rezasse por sua saúde. O rabino a questionou: "Mas acaso você tem a fé necessária para crer na eficácia de minha reza?"
> A mulher respondeu convicta: "Vemos nas Escrituras que Israel, diante do Mar Vermelho, foi salva primeiro* [o mar se abriu] e depois acreditou."
> O rabino sorriu e fez uma reza por ela.
>
> *ÊXODUS 14:30: "E DEUS OS SALVOU E ELES ACREDITARAM NO SENHOR."

O atendimento é tudo na dor. Mesmo no pico da dor, um "ai, ai" pode oferecer alívio. A exclamação por si já executou parte da tarefa da dor que era externar urgência. Na história, a mulher demanda atendimento do rabino. Ela sabe que pedir é parte da cura.

Pedir prioriza a dor e alivia. A dor se apresenta por espasmo e contração – precisa deixar claro que é soberana. Ela é tão preponderante que, desde crianças, sabemos que a única verdadeira distração à dor é outra dor. É um sentido que não admite silêncio ou apatia.

O mais importante aspecto da medicina e de seus avanços tem a ver com tratar a dor. Porque além de neutralizar sua crueldade, outro aspecto é a conquista de uma dignidade nunca antes conhecida. Hoje em dia, através de analgésicos e anestésicos, a ciência permite que a pessoa mais simples possa desfrutar de um grau de dignidade que até pouco tempo nem reis conheciam. E esta é uma diretriz fundamental para a cura; mais do que sarar indiscriminadamente, sua função é oferecer dignidade à vida humana. Algo que surpreendentemente não é absoluto. A cura não é um objeto de consumo, mas uma forma de equilíbrio. Sem um cuidado maior, nossa medicina é capaz de tratar pessoas reduzindo sua dignidade, mantendo-as vivas, mas não curadas.

TRANSITORIEDADE DA DOR

> *Quando você precisa de um médico, você o estima como a um deus. Quando ele o tira da zona de perigo, você o considera um rei. Quando você já está curado, ele se torna humano como você. Quando ele te envia a conta, você pensa que ele é um demônio.*
>
> JEDADIAH BEN ABRAHAM BEDERSI

Esse pequeno poema quase cômico do filósofo e poeta francês do século XIII Jedadiah ben Abraham Bedersi faz um registro cronometrado da passagem da dor e do senso de perigo associados a ela. A dimensão daquilo que pode ser curado vai de nosso maior interesse à indiferença. No momento em que saramos, voltamos a uma normalidade que não retém nem os ensinamentos, nem a humanidade que os processos de cura oferecem. Quem sara esquece a enfermidade e suas lições, apesar da dor jamais ser esquecida. A dor terá repercussões que fazem com que queiramos nunca precisar de um "médico-deus", mas contém também a ingratidão e o descompromisso típicos de algo que distensionou, permitindo agora uma certa alienação.

E isso é próprio de um sentido, ele vem e ele passa. Ele sensibiliza e dessensibiliza. Diferentemente dos sentimentos, que podem ser interpretados e remoídos, o sentido é uma perturbação que perdura o tempo de sua irritação e só. No entanto, na esfera da dor, não há dúvida de que o aspecto transitório é um importante antídoto. Também importa o fato de que a intensidade de uma experiência dolorosa é artificialmente amplificada. A vida não é aguda e estridente como a dor faz parecer.

A EMPATIA NA DOR

> *Numa noite de inverno, o rabino de Luntzitz ouviu uma batida na porta. Vestiu-se e deixou entrar o pobre sapateiro da cidade, que lhe contou que sua mulher acabara de dar à luz mais um filho. Em seguida, em meio às lágrimas, explicou que não tinha lenha para esquentar o quarto onde a esposa e o bebê descansavam.*
>
> *Na mesma hora, o rabino foi acordar o homem mais rico da cidade, que era seu vizinho, batendo com urgência em sua janela. O vizinho despertou e fez sinal para que o rabino entrasse, mas este se recusou. O rico então se vestiu e saiu em pleno frio para ter com o rabino. O frio estava intenso e o magnata sentiu nos ossos o desconforto. Mais uma vez ele fez menção ao rabino para que*

entrasse. O rabino só então revelou: "Agora que você sentiu o frio na própria pele, pode verdadeiramente apreciar a situação na qual a família do sapateiro se encontra!" Lenha e uma boa doação foram prontamente oferecidas.

Sentir é uma coisa, imaginar é outra. Os sentidos têm por definição a função de nos aproximar da realidade. A solidariedade na dor é automática porque nos identificamos com a aflição do próximo por via de dores passadas. Daí termos um grau de corresponsabilidade na dor que não tínhamos com o sofrimento.

Mesmo num pronto-socorro profissionais experientes são induzidos a atender mais pela urgência da dor do que pela emergência de uma condição grave. Na qualidade de um sentido, a dor de um ativa a memória da dor no outro e produz amparo e socorro. Assim sendo, expor a dor favorece toda sorte de auxílio. Em toda dor há um componente teatral, dramático, com o objetivo de produzir assistência.

A empatia tem um potencial analgésico como a cafeína e a *canabis*.

A MEDITAÇÃO NA DOR

> *Na sua mocidade, o Rabino de Zans foi discípulo do justo de Ropschitz. Durante a oração, o Rabino de Zans, que era manco, costumava, em seu ardor, sapatear no chão com ambos os pés. Certa vez, depois de ter visto o Rabi em suas orações, a mulher do justo foi até ele e disse: "Que pessoa má tu és! Por que o deixa sapatear com o pé doente? Diz-lhe que faça só com o pé são!" O justo então respondeu: "Eu só poderia fazê-lo se toda vez ao orar ele soubesse se está pisando com o pé são ou com o pé doente."*

A dor não pode ser ignorada ou transmutada em sofrimento. No entanto, o entusiasmo e o arrebatamento podem causar uma forma de transe que encobre a dor. Como ela é um sentido, só podemos nos distrair dela por outro sentido. Já comentamos sobre o truque de morder a mão, mas aqui buscamos um analgésico mais duradouro do que apenas o alívio momentâneo de outra dor. O envolvimento e até mesmo o transe podem ofuscar sentidos e oferecer-nos trégua.

Essa necessidade de acobertar a dor surge em casos de dores crônicas, quando a dor corrompe sua função original de alerta e se torna ela mesma a enfermidade. Esses gatilhos que não desligam exigem que aprendamos a retirar o foco do epicentro da dor. Em geral, só outra "dor" pode realizar este feito, porém alguns sentimentos conseguem ser tão absurdamente intensos que se passam por sentidos. Os apaixonados, os aficionados e os místicos atingem esse grau de analgesia. Os faquires e os mestres de artes marciais do Oriente treinam suas mentes para conseguir essa façanha.

O que fazem é inverter a direção do sentimento. O natural é que o fluxo dos sentimentos se dê da mente para o corpo, enquanto que o fluxo do sentido corre na direção oposta, do corpo – ou de estímulo sobre o corpo – até a mente. Esses ascetas conseguem turbinar de tal forma seu sentimento, que eles ganham características de uma perturbação externa. E se tornam uma dor ou ardor maior do que a dor original.

A meditação superficial reduz os sentimentos; a profunda os exacerba furiosamente, a ponto de anestesiar qualquer dor.

PERMISSÃO PLENA PARA CURAR

Permissão plena é concedida ao curador para curar!

Brachot 60a

> *Rabi Ishmael e Rabi Akiva estavam andando pelas ruas de Jerusalém junto com outro homem. No caminho, eles encontraram uma pessoa doente, que perguntou: "Mestre, diga-me, por favor, como posso ser curado?"*

Rapidamente lhe indicaram que tomasse certo remédio até melhorar. O homem que os acompanhava se voltou aos rabinos e perguntou: "Quem fez este homem doente?" Responderam: "O Criador, abençoado seja!" "E vocês pretendem interferir em áreas que não são suas?", o homem exclamou. "Ele flagela e vocês curam?!" Ouvindo isso, os rabinos perguntaram ao homem: "Qual é a sua ocupação?" "Sou lavrador, como podem atestar pela foice que carrego", respondeu. "E quem criou o campo e o vinhedo?", perguntaram. "O Criador, abençoado seja!", respondeu o homem. "E você pretende interferir numa área que não é sua? Ele criou tudo e você come de seu fruto!" Desconcertado, o homem disse: "Mas não veem esta foice na minha mão? Se não fosse ao campo arar o terreno, cobri-lo, fertilizá-lo e arrancar-lhe as ervas daninhas, nada cresceria!" Os rabinos então responderam: "Tolo... tal como uma árvore no campo não cresce se a terra não for fertilizada, lavrada e capinada – e mesmo que já estivesse brotando e não fosse apropriadamente regada, morreria –, assim é o homem. Ele é a árvore, o medicamento é o fertilizador e o doutor é o fazendeiro."

MIDRASH SHMUEL 4:1

É preciso curar como se lavra um campo. A vida pressupõe adoecimentos e moléstias e a cura é uma prática constante para sua manutenção. Curar, saber curar e utilizar todos os recursos para curar fazem parte da vida, e isso nunca deve ser considerado artificial ou uma intervenção ilegítima no ciclo natural das coisas.

Na experiência humana, tudo ganha contornos de uma parceria com a Vida. Nosso sustento não vem de sermos coletores, caçadores ou pescadores. Nossa intervenção nos faz sócios da Vida no pão que comemos e, da mesma forma, nos faz cúmplices no ato constante de curar. Somos lavradores no sustento; e somos curandeiros na saúde.

Parece que tudo aquilo que cultivamos ou tratamos tem a peculiaridade de parecer uma intervenção. Em realidade, temos permissão e obrigação constante de evoluir. É muito grave quando algumas tradições tornam a medicina um fazer proscrito. São teologias em que a evolução não parece ser um desejo do mesmo Deus que criou a vida. A mesma evolução que permitiu perceber a presença de um Deus não pode ser acusada de heresia. A janela que se abriu e trouxe consciência é a mesma que nos faz cúmplices nas ciências, no futuro e no destino.

Essa atitude condescendente diante da dor é inaceitável.

A "foice", que duas vezes aparece no texto como elemento cênico, talvez seja uma alusão simbólica ao Anjo da Morte. Sua louvável tarefa é parte da vida desde que ele a cumpra em seu tempo apropriado. Sua tarefa só ganha contornos demoníacos quando faz os humanos complacentes com a dor, com a doença e com a morte.

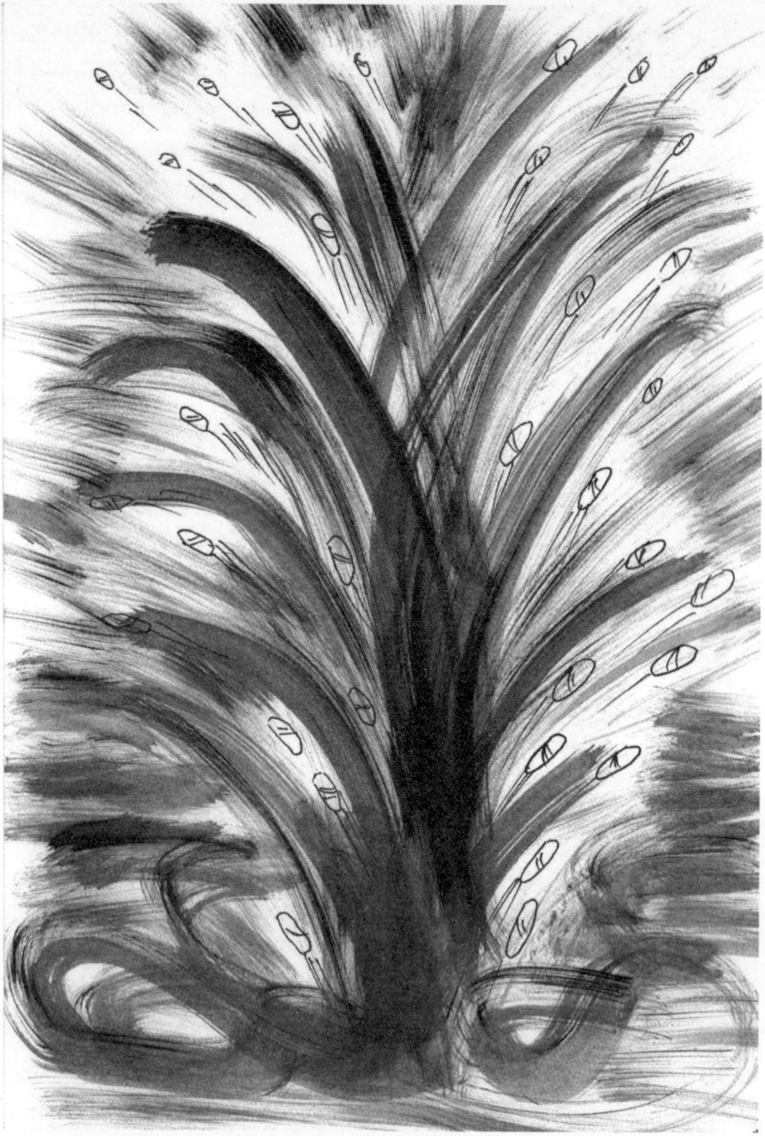

O antissofrimento

(Emocional)

BENIGNIDADE EMOCIONAL

> *Durante uma preleção, Rav falou: "E o Eterno de ti desviará toda a enfermidade!" (Deut. 7:15). Em seguida, fez um comentário: "Isso se refere ao 'mau-olhado'." Para corroborar sua opinião, Rav afirmou ter feito uma visita ao cemitério, onde usando de certos encantos [para determinar a causa mortis daqueles que estavam enterrados], descobriu que 99% morreram por conta do "mau-olhado" e apenas um por causas naturais.*
>
> TALMUDE BB, 107B

Essa curiosa descoberta delineia uma importante questão para a cura do sofrimento. O que exatamente é o "mau-olhado"? Ele é constituído de sentimentos humanos negativos. Seja por raiva, inveja, ciúmes ou competitividade, esses sentimentos acrescentam sofrimentos.

Surpreendente é que uma pesquisa da Universidade de Stanford recém-divulgada diga que 73% das pessoas morrem por conta de maus hábitos. "Mau hábito" é um termo mais moderno para o vilão que na década de 1970 ganhou a alcunha de "estresse". Quando enfartes e problemas cardíacos se tornaram epidêmicos entre os homens burgueses sedentários, também por via de "encantos estatísticos" da época registrou-se o mesmo diagnóstico – a maioria sucumbia por estresse. E o tal mau hábito de hoje apenas acrescenta, nessa constatação, novos itens de estilo de vida.

Diferentemente de causas físicas, esses hábitos e estresses são oriundos dos "nervos", dos sentimentos que enfermam e levam ao óbito. O início das práticas fitness, o interesse por meditações, os cuidados com a dieta e outros arsenais foram pouco a pouco sendo disponibilizados para dar conta do perigo que o estresse representa para a qualidade da saúde e para as chances de cura.

Rav, porém, faz um diagnóstico ainda mais apurado sobre a natureza dessa doença, indo além dos termos "estresse" ou "mau hábito". Ele revela que os níveis tóxicos desses sentimentos só são atingidos quando se tornam malignos. Essa malignidade ("mau") é um grau de doença retroalimentada. E a benignidade de um sentimento negativo pode ser preservada desde que ele não contenha internamente ("olhar") metástases ("maus") que afetem todo o sistema.

Prestar atenção ao "mau-olhado" tem grande efeito terapêutico sobre o sofrimento.

CURA NO MOMENTO

> *Certa vez Rabi Michal de Zlotchov disse: "Aprendi um ensinamento com meus ancestrais. Eles diziam que dois tipos de preocupação são proibidos: Aquilo que é possível consertar e aquilo que é impossível consertar. Com o que é possível consertar, não se preocupe – conserte! E com aquilo que é impossível, de que ajudaria preocupar-se?"*
>
> THE HASIDIC ANTHOLOGY, NEWMAN

Um gatilho comum para círculos viciosos de sentimentos é a perda do foco no momento. Tudo o que deseja antecipar alavanca emoções desnecessárias e exageradas. O temor, em particular, se alimenta da incerteza e da imaginação que estimulam a relevância do futuro sobre o presente.

Nada que seja "pré" faz bem à saúde dos sentimentos. Para as emoções, "pré-parar" é pior do que "parar", e "pré-ocupar" é pior que "ocupar". No primeiro caso, trocamos o frescor da graça no momento pelo postiço de algo simulado anteriormente; e no segundo, substituímos a potência da ação pela inutilidade da aflição.

O momento presente é a melhor trincheira para a batalha no campo dos sofrimentos. As emoções nascem num súbito instante, tais quais os sentidos, porém nos apropriamos delas e as tornamos sentimentos. É isso que, no texto do Gênesis,

Deus tentou explicar a Caim antes que ele assassinasse o irmão, Abel. Novato nos sentimentos, Caim nutria ira e ciúmes do irmão, enquanto o Criador tentava elucidá-lo: "O desvio jaz à porta, e sobre ti será o seu desejo, mas sobre ele deves dominar." O momento, que jaz à porta, é o ambiente apropriado para se prevalecer ao sentimento, nunca o futuro de medos ou o passado de ressentimentos. Isso porque o presente só acomoda um único momento, e neste só cabe aquilo que deve ser feito ou aquilo que não deve ser feito.

As preocupações e as conjecturas baixam defesas e são potentes imunossupressores.

CURA E PROATIVIDADE

> Certa vez, um discípulo procurou Rabi Chanoch e, derramando lágrimas, lastimou-se de que fora acometido de uma desgraça. Depois de ouvi-lo, Rabi Chanoch retrucou: "Quando eu estava na escola, ainda nas primeiras letras, um menino se pôs a chorar durante a aula. Então o professor lhe falou: 'Olhe dentro do livro, garoto! Quando se olha lá dentro no livro, não se chora.'"

O sofrimento tem um efeito colateral de resignação e paralisia. Lástimas e lágrimas procrastinam a cura e precisam ser estancadas. No passado, o adágio hoje politicamente incorreto de "menino não chora" evocava contrição e controle. Nossa história é diferente, nela há um convite à proatividade como antídoto. O livro representa o saber e, indiretamente, a vida. É preciso retornar a interesses e se envolver com as coisas da vida, comprometer-se com ela. Tomar posse da vida é engajar-se em processos, em aperfeiçoamentos e projetos. A ideia de escrever um livro, plantar uma árvore e ter um filho como síntese existencial humana tem exatamente o valor alegórico de voltar o olhar para o livro. Na vida, podemos chorar por dor, mas também por conquistas, risadas, surpresas, sensibilidades, embevecimentos e paixões. Estas são lágrimas vivas e que não empoçam.

O sofrimento pode até temperar a vida, e Rabi Itzchak de Komarna apontava isso: "Todos precisam de um pouco de preocupação e de sofrimento na vida. Um navio sem carga, com certeza, pode adernar e eventualmente emborcar." Por outro lado, o excesso não oferece lastro, como aponta o Rabi Yaakov de Polnoye: "Óleo demais apaga a lamparina."

O choro que vem do sofrimento é uma procrastinação; o remédio é focar no livro, ou seja, nas atividades e na vida. Trata-se da tal proatividade.

NEM TUDO TEM QUE SER CURADO

> *O rabino de Kotsk começou a ter dificuldade de enxergar. Procurou um médico de olhos, que lhe indicou usar óculos quando*

> fosse estudar a Torá.* Ouvindo o doutor, o rabino recusou, dizendo: "Nada deve se interpor entre mim e a Torá!"
> O rabino de Viskit, discípulo do rabino de Kotsk, desenvolveu um problema similar na visão e procurou o mesmo médico, em Varsóvia. E o médico lhe fez a mesma prescrição. Citando seu mestre, o rabino de Viskit também se recusou a utilizar óculos nos momentos em que estivesse estudando a Torá. Porém, em deferência ao erudito doutor, escolheu usá-los em todos os outros.
>
> SEFER HACHASIDUT, Y. RAPHAEL

É importante não confundir essa história com uma aversão ou com uma polêmica sobre a legitimidade da prática médica. Se fosse assim, por que o rabino procuraria um médico de olhos? A tensão aqui está no fato de que a indicação médica tem que estar em harmonia com outras grandezas da vida.

E por que o rabino de Kotsk se recusou a utilizar óculos para ler a Torá? Uma bela explicação é dada pelo rabino Rami Shapiro, que tentou reconstituir seu pensamento: "Deus me criou com visão fraca por alguma razão. E qual foi seu raciocínio? Quando o rabino lia a Torá, pela condição de sua visão, lia errado não só palavras, mas por vezes até frases inteiras. Sem

---

* Escrituras.

saber de seu equívoco, fazia esforços especiais para interpretar sua leitura e dela extraía profundos insights. Desses lampejos e inspirações ele retirava ensinamentos de grande valor para os discípulos e para si mesmo. Estivesse de óculos e tudo teria se perdido. Ali estava a razão pela qual Deus lhe tinha dado olhos fracos... para ver o que os de boa visão não enxergam!"

O rabino de Viskit compreende a lógica de seu mestre. Ele apenas aperfeiçoa sua sabedoria, usando óculos para ver tudo mais claro desde que não se tratasse do estudo da Torá. Sua atitude é mais ponderada, já que consegue conciliar significados pessoais com a cura oferecida pela ciência. O rabino de Kotsk, entretanto, indica algo muito profundo. Ele ensina que há limitações que têm sua beleza e que podem oferecer frutos. Nem tudo aquilo que é normal enxerga ou usufrui mais do que outras "anormalidades". Sem privar-se de ajuda, o rabino de Kotsk apenas não permite que o envelhecimento (ou poderia ser a enfermidade) usurpe sua dignidade.

Muitas doenças e condições devem ser tratadas com o apreço que o rabino tem para com sua singularidade. Há experiências, olhares, trocas e prazeres que podem ser diferentes e não necessariamente menores ou piores do que o habitual ou até do que o sadio.

Muitos pais aprendem a olhar seus filhos autistas ou com síndrome de down sem o uso de óculos. Conhecer as escrituras de suas vidas sem as lentes da expectativa de normalidade é uma cura antes da cura. Ou talvez uma cura que até prescinda da cura, sem desdenhar da medicina ou da ciência.

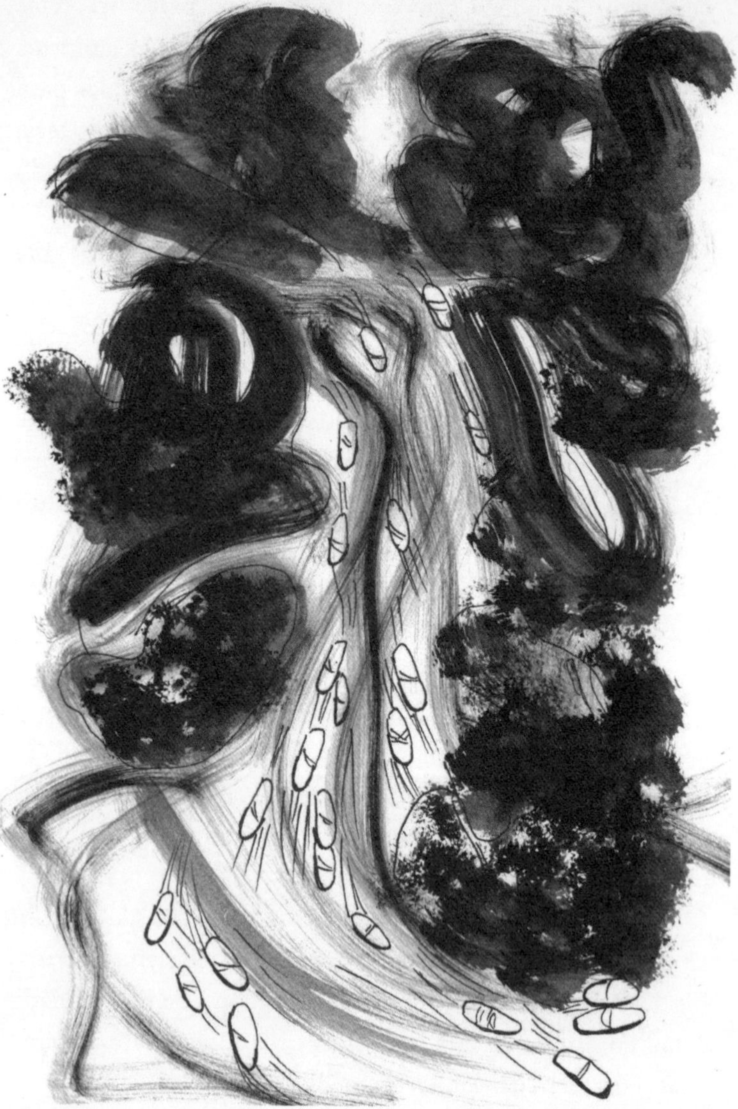

A antissolidão

(Intelectual)

CURA POR VISITA

> Certa vez, Rabi Aha bar Hanina disse: "Aquele que visita um doente retira sessenta avos de sua enfermidade." Ouvindo isso, Abaye sugeriu a Rava, que estava doente: "Se é assim, que venham sessenta pessoas visitá-lo para que possa levantar de sua cama!" Rava respondeu: "Os sessenta avos a que ele se refere aqui são algo análogo à definição de 'décima parte' da escola de Rabi Yehuda. Nela, a fração é retirada não do montante original, mas do restante, de tal forma que sempre sobraria uma parte da doença."
>
> TALMUDE NED 39B

Já havíamos visto que a tradição judaica considera a visita como uma terapia. A concretude desses sessenta avos faz com que Abaye conjecture um truque para curar exclusivamente por visitas. E o sentido, obviamente, não é esse. Visitas não saram um indivíduo; o que fazem é sarar por coletivo. Temos aqui outra matemática e aí está a genialidade de nossa história.

Abaye imagina que as visitas estejam na esfera de "enfrentamento por batalha", mas elas estão no "enfrentamento por recuo". Nessa esfera, curar só é possível se fazemos algum recuo do espaço pessoal e adentramos no coletivo. Há uma saúde e uma potência na vida de todos nós que só se materializam no âmbito coletivo. Para a vida, somos muito além do pessoal e fazemos parte de uma corrente maior do que nós mesmos. Comentamos que este é seu significado sistêmico: a vida é mais do que suas partes e suas razões.

Na matemática de Abaye, a estratégia é curar por batalha, ou seja, retirar os sessenta avos possíveis de doença. Aqui, entretanto, trata-se de um esforço diferente, que visa apenas preencher as partes daquilo que a doença subtrai de nosso ser. Fazemos isso com uma visita, oferecendo um suplemento coletivo ao que de pessoal foi subtraído do enfermo. Há uma nova matemática para que Abaye e todos compreendam: não se diminui a doença, mesmo assim se acrescentam saúde e cura.

A matemática clássica diria: "Como pode?" Ora, estamos agora na matemática sistêmica. Nela, existem saúde e cura e elas devem ser retiradas de fora das partes, sendo o resultado de uma soma não zero onde se aumenta a cura sem necessariamente diminuir a doença. Talvez essa explicação fique menos abstrata se lembrarmos de que a doença intelectual se manifesta internamente pela solidão, e externamente pela discriminação. Ou seja, ambas as esferas dependem do outro e do social.

Nessa nova equação da cura, entendemos quão revigorante pode ser sair do campo pessoal para preencher o campo coletivo. Isso será decisivo no enfrentamento da cura quando se estiver diante da morte. A doença tem aqui contornos sociais, seja pela tristeza do exílio ou pela perda de vínculos, seja com a vida ou com outros. Aflora, assim, o sentido profilático da visita, cujo efeito reforça vínculos, restaura vitalidade e expulsa, por presença, a solidão. O antídoto à solidão é sempre a invasão de outro em nosso espaço afetivo. Essa presença previne as enfermidades em seu aspecto psíquico.

Por "visitas a doentes" leiam-se situações tais como aproximar de amigos crianças portadoras de alguma limitação que as afaste de atividades regulares entre seus pares; ou o acolhimento de alguém afastado discriminatoriamente por ignorância, medo ou nojo.

A cura, nessa esfera, acontece quando simplesmente se revela ao enfermo que ele não precisa colocar todas as suas fichas na cura pessoal, mas que aspectos de sua existência coletiva podem prover restauro e tratamento.

Ao cruzar-se a fronteira dessa nova esfera, onde entrega e cessão se fazem recursos para o enfrentamento em direção à cura, só então se pode apreciar a grandeza da frase de Reb Nachman de Bratslav: "Se você acha que danificar é possível, acredite que restaurar é possível!" Essa frase não faz sentido num mundo inacabado, injusto e vulnerável a não ser que a entendamos em sua acepção sistêmica. Ou seja, é preciso que haja uma nova matemática.

CURA POR IDENTIDADE

> Certa vez, um rabino vinha subindo a ladeira e avistou de longe uma mulher que descia muito aflita. Ela trazia no colo uma criança e suplicava: "Ai, meu Deus, o menino se machucou! O menino se machucou!" Indo ao seu encontro, o rabino tratou de acalmá-la. "Calma! Não é nada, fique calma!", insistia ele, transmitindo tranquilidade.
> Assim que se aproximou dos dois, reparou que o tal menino era seu neto. Começou então a gritar: "Ai, meu Deus, o menino se machucou! O menino se machucou!"

Nossa história aponta a diferença entre a dor pessoal e a dor alheia. Não estamos mais falando da dor real, explícita, mas da percepção de dor, psíquica. Esse é um lugar sempre particular porque a dor psíquica de uma pessoa só pode ser mensurada estando em seu lugar.

Um conhecido conceito da tradição chassídica define um amigo como sendo aquele que conhece a dor de seu companheiro. Saber a dor do outro é algo muito profundo porque não se trata de compreender sua própria relação com a dor, mas do outro. Tal empatia, de rejeitar sua própria noção de dor e acolher a do amigo, é um enorme ato de presença, capaz de dissolver grandes solidões.

A pergunta desta esfera – "*ayeka* (onde estás)?" – expressa tal demanda. Ela busca um amigo que não tente minimizar nossa dor ou relativizá-la à luz de sua concepção de realidade. Por isso tratamos o fenômeno como sendo uma dor e não um sofrimento; ele requer admissão inquestionável da realidade do outro. A inclusão contém o desafio de acomodar o diferente e até o que nos parece implausível.

E assim é com a dor psíquica – ela tem que ser reconhecida em sua idiossincrasia. Só isso já é em si uma incrível "visita" ao outro. "Onde estás?" é uma pergunta reflexiva que estabelece um lugar de encontro e visita. Por parte de quem sente a dor, essa pergunta significa a busca por um companheiro; pelo lado de quem se apresenta em "visita", significa o verdadeiro desejo de ir até onde o outro está.

Esta é a tal matemática que mencionamos acima. Nela, quem dá e quem recebe participa de uma soma não zero. Assim é no espaço coletivo: colhem ambos. Estamos em uma aritmética de encaixes, e nela a expressão "onde estás?", por sinais invertidos, garante retorno aos dois lados.

Reb Nachman contou a seguinte história: "Um príncipe, certa vez, ficou enfermo e pensou que era um peru. Recusava a vestir-se e passou a viver debaixo da mesa da sala, alimentando-se das migalhas que caíam no chão. O rei convocou os maiores médicos da corte, porém nenhum deles obteve sucesso em curá-lo.

Um sábio andarilho soube do caso e ofereceu seus préstimos. Já em desespero, o rei aceitou. O sábio então retirou suas roupas e passou a viver junto com o príncipe debaixo da mesa, apresentando-se a ele como um colega peru. Passadas algumas semanas o sábio pediu uma túnica. "O que está fazendo?", perguntou a ele o príncipe-peru. "Perus não usam túnicas!" Então o sábio respondeu: "Não há leis que proíbam que nós perus possamos colocar uma túnica!", disse, oferecendo em seguida uma túnica ao companheiro. O príncipe ficou pensativo, mas acabou por acompanhá-lo.

Alguns dias depois, vestido com sua túnica, o sábio resolveu ter uma refeição completa servida debaixo da mesa. "E o que você está fazendo agora?", perguntou o príncipe-

-peru, surpreso. *A resposta do sábio foi bem parecida com a anterior: "Não há razão para que nós, perus, comamos migalhas quando podemos ter uma refeição completa à nossa disposição." E o príncipe acompanhou o sábio em seu banquete.*
Na semana seguinte, o sábio resolveu levantar-se e comer sentando-se à mesa. E ele se adiantou, explicando: "Não há nenhuma proibição para que nós perus nos sentemos à mesa. É bem mais confortável.... venha e veja por si mesmo!" E assim fez o príncipe, que com o tempo recuperou-se plenamente de sua enfermidade.

SIPUREI MAASIOT, BRESLAV

Às vezes a dor é tão pessoal que uma patologia de reclusão e isolamento se instaura. Nesses casos, há dificuldade em pedir assistência para mitigar a dor e clamar "onde estás?". Faz-se, assim, necessária uma terapia por intrusão de presença. Uma presença intravenal.

Nossa história tem origem anterior aos conhecimentos psicanalíticos e decifra importantes chaves desse tipo de tratamento. Aqui a ideia é de que certas patologias psíquicas se autoalimentam no isolamento, não permitindo a "entrada" de mais ninguém. O aparecimento desse segundo peru irá gradativamente expulsar o príncipe desse lugar de solidão grave onde só há espaço apenas para um.

Verificamos elementos importantes da ação de incluir e de sua capacidade de realinhar. Estamos na esfera do "restauro", da arte de reverter o caminho da doença. Não adianta rechaçar a lógica do peru, mas juntar-se a ela. Ganhando a confiança do príncipe ao mostrar que a parceria é inclusiva, o sábio averigua por "onde ele está".

Em sua terapia comportamental, o sábio reintegra o príncipe à vida humana sem precisar rechaçar nenhuma premissa de sua patologia. Essa terapia é longa e se estabelece pela confiança plena, assim como pela identidade. O sábio é peru até que por identidade, e não por convencimento, o príncipe possa mirar-se nele para reencontrar os caminhos de volta à sua humanidade. Fica claro ao príncipe que estar nu, comer debaixo da mesa e alimentar-se apenas de migalhas não são ações que oferecem cura à moléstia que o aflige.

É impressionante que a cura se origine a partir do momento em que o sábio visita o lugar da doença. Pode ser um hospital, pode ser debaixo da mesa, pode ser um lugar impróprio ou pelo qual o sábio tenha até aversão – é desde lá que poderá efetuar sua terapêutica intrusiva por presença.

DORES HUMANAS

> *Quanto mais sabedoria, maior a contrariedade; e o que acresce em conhecimento aumenta a dor. (Ec. 1:18)*

> *Nesse versículo, Salomão* quis dizer: por ampliar sabedoria, causei transtornos a mim mesmo; e por buscar mais conhecimento aumentei minha dor.*
>
> *Rabi Yochanan disse: "[Essa dor] pode ser comparada a roupas de linho fino que venham de Beit Shean. Se uma delas fica levemente suja, representa uma grande perda. Em contrapartida, roupas de linho grosso que venham de Arbel, se ficarem imundas, quem se importa com elas? Qual é o seu valor? Não tem valor algum! Da mesma forma, quando duas pessoas estão à mesa, uma delas come pão velho e comida em deterioração, e a outra, pão fino e da melhor carne, esta última tem propensão a ter desconfortos intestinais enquanto que a primeira nada sente. E assim é, pois alguma vez se viu um asno com arrepios, ou um camelo sofrendo de úlcera? Quem é que sofre desses desconfortos? Somente os seres humanos!"*
>
> ---
> * Autor de Eclesiastes.

Nossa história gira em torno do mundo intelectual da sabedoria e do conhecimento, e de suas contrapartidas, que são a contrariedade e a dor. Esses efeitos colaterais, exclusivamente humanos, oferecem importante chance de reflexão sobre as dores implícitas.

Rabi Yochanan, por sua vez, tenta ilustrar esses custos psíquicos embutidos na sabedoria e no conhecimento humano. Na sabedoria, o grande custo é a agonia da cobrança, seja pessoal ou pública. E o exemplo da roupa de linho equivale a dizer: "Se uma pessoa ordinária faz algo impróprio, quem se importa? Porém, quando se trata de um sábio, então é coisa muito séria!" Nossas culpas e arrependimentos nascem da sabedoria, que fomenta a agonia da vergonha.

Quando ilustra a dor, que mais diretamente nos interessa, Rabi Yochanan usa o exemplo do estômago rude, que metaboliza qualquer alimento, e do estômago mimado, que vive tendo indigestões. Os humanos não conseguem digerir aspectos brutos da vida e sua sensibilidade (conhecimento) dificulta a assimilação do que é "pesado". O asno e o camelo passam ao largo dessas dores.

Essas sensibilidades, os arrepios e as ansiedades (úlceras) só param de doer quando esse componente humano da dor é trabalhado. A cura dessas dores psíquicas implícitas implica harmonizar a sabedoria para reduzir neuroses e paranoias; e dessensibilizar o conhecimento para que ele não induza fobias e pânicos.

A cura de dores intelectuais demanda que se fique mais calejado; que nossas "epidermes" psíquicas mantenham sua resistência e não se abram em escaras a cada desafio da vida ou da saúde. Importante lembrar que as manifestações clínicas de qualquer doença acontecem pela instauração de um processo de sensibilidade. Muitos defeitos e disfunções do nosso corpo podem coexistir com a saúde, bastando um simples fator humano para quebrar esse equilíbrio e conhecermos então os aspectos somáticos das doenças. O antídoto aqui, no caso, é curar-se de sua humanidade excessiva.

CURA E CANTO

> *Rabi Shimon disse: "O rei David pendurava sua harpa sobre a cama. À meia-noite, o vento norte soprava e fazia as cordas da harpa vibrarem, e assim dela emanava música. David então despertava e estudava, à espera de que surgisse no céu o primeiro raio de luz da alvorada."*
>
> TALMUDE BER 3B

A melodia da harpa, associada ao estudo durante a madrugada, produziu os cantos dos Salmos – melodias da escuridão da noite, quando mais assolam as dores humanas. David implantou nesses cantos-poemas tamanha potência de esperança que até nossos dias eles servem como refúgio na espera por cura e saúde.

A meia-noite é o limiar onde a noite entra em declínio, indo em direção ao dia. Essa luz intuída muito antes da alvorada dá o tom da esperança de David. A confiança que ela inspira não é a do amanhecer, mas de uma escuridão que é menos sufocante. Trevas que ganham finitude e que reanimam não pela luz que ainda não chegou, mas pela sensação de presença que se impõe à solidão. Como se uma mão estendida, como a de Rabi Yochanan, fosse capaz de atender mais que a própria luz para o enfrentamento da escuridão e do desconhecido. Reforça-se assim a esperança em vez da expectativa.

Os cantos são um antídoto no plano intelectual em que estamos. Eles transmutam pensamentos para um lugar transcendente, lírico, que anula a solidão através da sublime presunção de um ouvinte. E evocam a pergunta angustiante – "onde estás?" Em sua condição de canto, ela simultaneamente questiona e responde. É comum que pessoas com medo da solidão usem o recurso de cantar em voz alta quando estão sozinhas. Cantam e se conectam, como se o cantar as fizesse sentir que participam de algo, sistemicamente amparadas.

> *E o que faz Deus à noite?*
> *Deus galga montado no mais ágil dos querubins e cruza dezoito mil mundos... E dali escuta músicas dos chayot [anjos].*
>
> TALMUDE AZ 3B

Nesse lugar místico das escuridões e da noite há parceria na escuta desses cantos. E algo atende ao desejo por encontro.

> *"E sonhou Jacó: e eis que havia uma su-lam [escada] posta na terra, cujo topo tocava os céus; e eis que os anjos de Deus subiam e desciam por ela."*
>
> GEN 28:12
>
> *Disse o Rabi de Piezetz: "Por vezes temos que produzir escadas para nos elevar: e um nigun [uma melodia] é uma dessas escadas."*

Em hebraico, a palavra *sulam* significa tanto "escada" como "escala [musical]". Esses anjos que nos conectam com Deus são os degraus da escada, ou são como notas numa pauta musical. Muito se cura das curas implícitas pela música.

Não estamos falando apenas do fato de a música ser terapêutica e elevar o espírito de um paciente, mas que reencontrar a sua música e restaurar uma relação com a vida na qual surja uma trilha sonora são parte da cura. Dizia o Rabi de Liadi: "Toda a ascensão de uma essência a outra... se dá através da música." Sem escutar música não conseguimos desconstruir o pensamento matemático no qual curar significa unicamente sarar. Para livrar-se das dores sentidas nessa esfera, é fundamental que saibamos também inteirar por um *healing* que não seja de soma-zero.

Enquanto a prosa evoca a antiga aritmética, o canto a desconstrói.

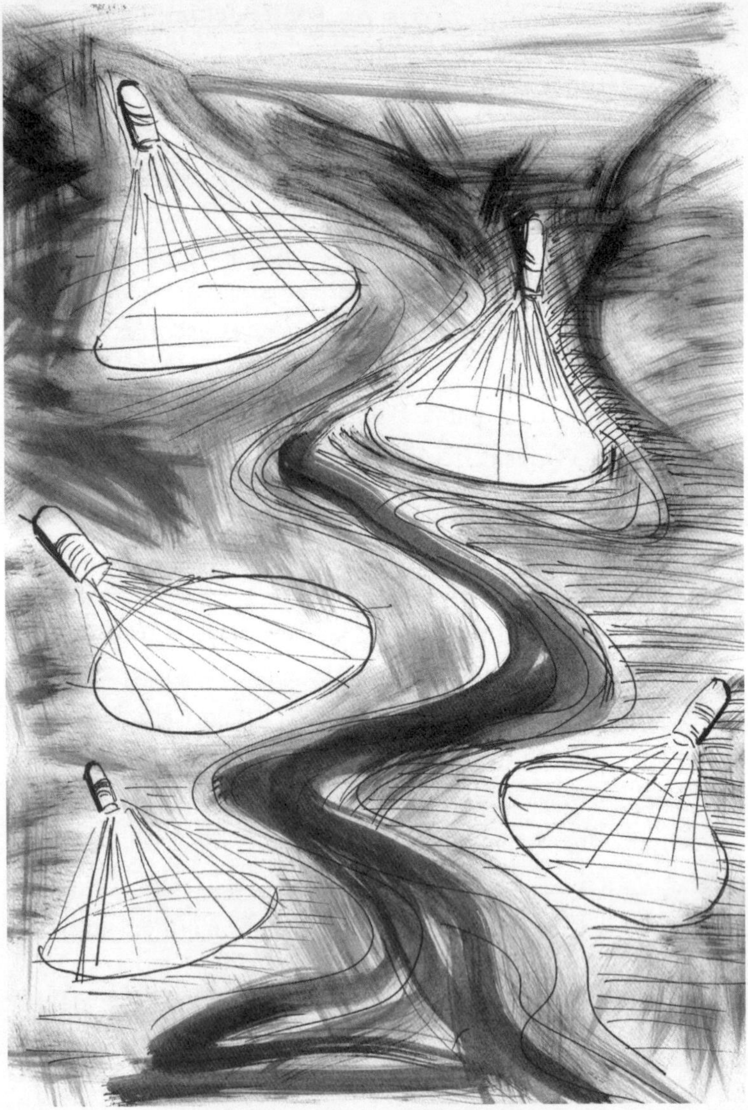

O antidesespero

(Espiritual)

CURA E RESPOSTAS

> Uma história é contada sobre um grupo de jovens que foi estudar em Berlim no final do século XIX. Influenciados pelo iluminismo, seus integrantes acabaram se afastando da tradição e passaram a nutrir profundas dúvidas sobre sua fé. Após longas conversas e debates, decidiram enviar um de seus membros à Casa de Estudos de Volozhin com a intenção de estudar por um ano e, quem sabe, junto aos sábios e às fontes, trazer respostas satisfatórias a essas dúvidas.
> E assim foi feito. No término desse período, o jovem retornou bastante impactado pela experiência. Os colegas perguntaram: "E então... tens respostas para as questões que formulamos?"
> Ele respondeu: "Não, não tenho nenhuma resposta", frustrando os amigos, que reagiram: "De que serviu então tua ida se não

> *tens as respostas?". Ele concluiu: "Serviu sim... é que também já não tenho mais as perguntas!"*
>
> THE PROBLEM OF SKEPTICISM,
> G.SCHLENSINGER, TRADITION 10, P. 87

Nesta última esfera, mais importante do que responder é revogar ou transformar as perguntas. A tática para tratar o sofrimento implícito demanda entrega plena, em particular no que diz respeito às perguntas mais medulares. E essa entrega não se dá por dogma ou convencimento, mas por irrelevância.

Tal como na imagem do clássico *Dom Quixote*, na qual Sancho Pança passa uma noite de desespero agarrado à borda da janela para não cair, descobrindo, ao amanhecer, que seu pé estava a poucos centímetros do chão, talvez possamos assim representar a angústia quando se trata de nossos sofrimentos implícitos e existenciais. Quando há perguntas circundantes a medos abismais e vertigens assustadoras, a fé é a capacidade de largar da borda da janela como se estivéssemos a poucos centímetros do chão.

Claro, o desafio está em crer que nossos pés estão apenas a centímetros do chão. Em *Alice através do espelho*, Lewis Carroll aborda essa questão. Quando a rainha diz para Alice que tem cem anos, cinco meses e um dia de idade, Alice reage: "Não posso acreditar nisso!" "Não pode?", diz a rainha, "Tente de novo. Respire bem fundo e feche os olhos!"

Esse é um bom tratamento para inteirar curas nesses confins do resgate: respire e tente de novo, de olhos fechados, quantas vezes for necessário!

CURA E ESCURIDÃO

> *Impressionada com as estrelas, uma criança perguntou a sua mãe: "Estavam aí todo o tempo? E então por que não pudemos vê-las de dia? Porque só quando fica escuro é que podemos vê-las?" "Sim", respondeu a mãe, "sua beleza fica escondida durante todo o dia! E só podemos vê-las à noite... E eis que são tão espetaculares!" E de imediato completou: "A escuridão é sempre linda, desde que se olhe em direção às estrelas, em vez de se olhar para as quinas e esquinas!"*
>
> (LESLIE SMITH)
> *A TREASURY OF STORIES*, R. SIDNEI GREENBER, P. 43

Não se pode dominar totalmente o medo do escuro por via do controle e do enfrentamento. Se o medo deriva justamente da falta de controle, como tentar restringi-lo por controle? Isso apenas o reforçará como numa aritmética em que o único fator é a soma – ou seja, qualquer operação ou manobra apenas adicionará. Da mesma forma, o desejo de sarar se mostra contraproducente para curar o que não pode ser curado.

Uma boa comparação é com o medo crescente da criança que tenta convencer-se de que não há monstros na escuridão das quinas de seu quarto. Trata-se de uma batalha perdida, já que se pretende banir os monstros valendo-se do truque de acender as luzes. O escuro é muito real porque aparece justamente quando as luzes são apagadas. Qualquer tentativa de desvencilhar-se dele com as luzes acesas será ineficaz. Elas funcionarão como assertivas que apenas acrescentam indeterminação e dúvidas.

Em vez de esquivar-se do escuro, será preciso apreciá-lo como parte sistêmica da vida. Isso demandará uma adaptação das retinas para escapar da semelhança entre ele e um "nada-devorador-de-tudo" e resgatar-lhe silhuetas, serenidade e beleza, como o pano de fundo de estrelas.

CURA E ACEITAÇÃO

> *Um dos discípulos do Rabi Moshé era muito pobre. Uma vez veio a ele lamentar-se sobre o próprio sofrimento, que o impedia de rezar e estudar. "Na época de hoje" – disse o rabino – "a maior devoção, acima até de todo estudo e oração, consiste em aceitar o mundo como ele é."*

O discípulo reclama que o sofrimento, além de fazê-lo padecer, também o incapacita a concentrar-se nas atividades espirituais do estudo e da oração. Sua queixa é que no momento em que mais necessita dessas atividades, elas lhe são suprimidas. O rabino responde modificando o eixo da pergunta e explicando que aceitar tem valor espiritual maior do que estudar ou orar.

A aceitação aqui proposta não é uma conduta passiva, muito pelo contrário. O rabino percebe que qualquer forma de estudo ou oração só poderia ter valor se, antes, o discípulo praticasse alguma forma de aceitação. Talvez isso explique a ênfase dada à expressão "na época de hoje". Vivemos em tempos em que sempre acreditamos que há recursos e possibilidades de resolver problemas e nos tornamos de alguma forma "mimados" em nossa relação com a vida.

A aceitação, quando não se trata de uma manifestação de depressão ou timidez existencial, pode ser libertadora, permitindo-nos usufruir de momentos preciosos de nossas vidas. Se não desenvolvermos a perícia em aceitar, deixamos de nos concentrar no que tem valor e desperdiçamos esforços em controlar o incontrolável.

Muitas pessoas nesse lugar inconformado perdem por completo a concentração e o interesse pela vida. Seu desejo único é resolver seu problema, esquecendo-se de que esses sofrimentos, tal como nos sofrimentos explícitos, podem ser desfeitos. Isso porque não são dores, mas afetos e apegos passíveis de serem sublimados por aceitação.

A serenidade de aceitar o mundo como ele é se assemelha a situações cotidianas em que nos vemos sem atendimento a um serviço esperado. Há espaço para brigar por nossos direitos ou possibilidades, mas, a partir de certo ponto, nos damos conta de que abandonar o pleito legítimo por nossos interesses e direitos é a melhor estratégia. Quando isso acontece adentramos o espaço da aceitação. A renúncia demanda sensibilidade e inteligência, permitindo maior qualidade e nobreza na vida.

CURA E INCERTEZA

> *"Deus fez com que tudo fosse belo a seu tempo, e também que estivesse oculto de seus corações." (Ecles. 3:11)*
>
> *Não tivesse Deus ocultado dos homens o dia da morte de cada um, ninguém construiria casas ou plantaria vinhedos, porque diria: "Talvez amanhã eu morra e por que deveria eu acordar cedo e cansar-me para o bem dos outros?"*
>
> *Por essa razão o Criador ocultou o dia da morte do ser humano, para que ele pudesse seguir construindo e plantando.*
>
> YALKUT SH. 968

Por ser uma experiência pessoal, a morte é a junção ambígua da certeza e do mistério. Por um lado, ela é a única coisa certa em nossas vidas e, por outro, guarda o mistério de quando e como acontecerá. Na perspectiva sistêmica da vida, no entanto, a morte é uma celebração com a mesma potência de um nascimento.

Em nossos dias, quando não é incomum médicos aventurarem-se em definir prazos de validade para nossas vidas, mesmo assim não logram eliminar o mistério, mas tão somente acrescentar-lhe morbidez. A morbidez é um sentimento, uma forma de sofrimento que antecipa e se "pré-ocupa" e se "pré-para". Sua tentativa vã é de tentar separar a vida da morte e, o que é pior, caracterizá-las como antagônicas.

A morbidez é uma negação da soberania da vida, revertendo-a em morte. Faz parecer que a última é a matriz que rege a existência, quando é justamente o contrário. O mórbido rende assim homenagens à própria finitude por via da morte, não da vida. Reluta em acolhê-la como a cura de sua terminalidade e a converte em doença absoluta. Do ponto de vista sistêmico da vida, não fará a menor diferença morrer curado ou agoniado. Mas do ponto de vista humano... faz toda!

A história de nossa morbidez começa com um conceito racional, o da expectativa de vida. Contar com oitenta, noventa ou cento e vinte anos representa uma expectativa que é muitas vezes portadora de morbidez. Nossa história explica que a natureza oculta e incerta da morte tem como função inibir a morbidez. Morrer é um limite da vida e não deve jamais ser trazido para o interior da vida.

O Rabino Manis Friedman relata um encontro com uma mãe que não conseguia abrandar o luto pela perda do filho de vinte anos. Tratando de confortá-la, perguntou: "Se Deus lhe houvesse dado a opção de ter vinte anos de amor e de bênçãos com seu filho ou de não tê-los, qual seria sua escolha?" Ela ponderou por instantes e, ressentida, respondeu: "Preferiria não ter que viver esta dor!" Então o rabino, de pronto rebateu: "Por isso que Ele não lhe fez essa pergunta!"

Se o conceito de finitude já é um encargo existencial gravíssimo para a consciência, muito pior é tentar desvelar algo que é naturalmente oculto, revelando o desfecho de uma existência.

A vida não nos pergunta o que preferimos, pois essas questões não dizem respeito ao sistema de "ser", e sim a um sistema maior, no qual o "ser" está inserido. Bendita é a incerteza porque faz da morte um acessório ao processo do viver. Ao se privar a morte de autonomia, fica assim reforçada a percepção de que também ela está no plano da cura.

A MORTE COMO CURA

Neste último item, apresento quatro histórias com a intenção de ilustrar a morte em sua condição de cura (sistêmica). Cada uma delas representa, respectivamente, as esferas: física, emocional, intelectual e espiritual.

• MORTE FÍSICA – SALTO QUÂNTICO

> *Quando Nachman estava à morte, Rava lhe implorou: "Prometa que depois de partir desse mundo aparecerás para mim, revelando como é morrer!" Ele concordou. E após sua morte, como prometera, Nachman apareceu a Rava num sonho. Rava lhe perguntou: "Diga-me... sofreste muitas dores?" Nachman respondeu: "Não! Morrer é tão fácil como tirar um fio de cabelo de um copo de leite. Porém, fosse Deus me dizer: 'Vá e volte para o mundo como já estiveste antes', eu não quereria voltar, tão somente pelo temor da morte que há por lá!"*
>
> TALMUDE MOED K. 28A

O aspecto físico é aqui abordado na perspectiva do medo. Esse temor deriva de um comando de vida. Ele está entranhado em todos os seres vivos e é a base de seu sistema operativo. O rabino tenta descrever o processo de morte como algo suave, e para tal usa a imagem de extrair um fio de cabelo de um copo de leite. O delicado movimento de retirada do fio de cabelo contrasta com a impropriedade de ele estar boiando na pureza alva do leite.

Essa morte, mais sopro do que tempestade, ainda assim está envolta por terror, já que representa um sistema que se desintegra em outro. Este salto quântico para outra órbita sistêmica destituída de individualidade é inevitavelmente aterrador.

O rabino não precisava ter voltado em sonho para contar sobre esse medo, já que ele é bem conhecido por aqui. O aspecto da cura está na simplicidade e trivialidade do processo, aqui representado por um ato singelo, quase cotidiano, de um simples despegar entre dois elementos. O fino e indelével cabelo representa o registro singular de nossa identidade pessoal, que é retirado do contexto líquido e denso do leite, símbolo da matriz da vida para os mamíferos. Enfim, um acontecimento radicalmente simples e profundo; inequivocamente pessoal e conjuntural ao mesmo tempo.

- **MORTE EMOCIONAL – NÃO TÃO LONGE**

> Logo após a morte de um justo que fora amigo do Rabi Mendel de Vorki, um discípulo veio procurá-lo para contar-lhe que havia presenciado o falecimento. "E como foi?", quis saber Rabi Mendel. "Muito belo", disse o discípulo, que prosseguiu: "... foi como se alguém passasse de um quarto a outro!" "De um quarto a outro?", reagiu Rabi Mendel, e logo o corrigiu: "De um quarto para outro, não! Mas sim de um canto a outro do mesmo quarto!"
>
> THE HASIDIC ANTHOLOGY, NEWMAN, P. 207

A morte é devastadora porque parece estabelecer uma distância perpétua entre aqueles que nutrem vínculos íntimos. O desaparecer para os vivos e a separação para quem morre representam algo definitivo e intransponível. Nossa história, entretanto, apresenta uma inusitada descrição da morte do justo. Por justo devemos entender alguém que sabe viver apropriadamente e que não experimenta a morte com morbidez, mas como elemento integrado à vida. Daí o interesse por essa morte. Ela acontece em outra geografia bem diferente daquela do sofrimento emocional da separação.

A expressão "de um quarto ao outro" já tinha a intenção de provocar perplexidade por conta do quão sereno e habitual pode ser esse acontecimento. Rabi Mendel enfatiza ainda mais a banalidade do processo, tornando-o tão desafetado e corriqueiro como ir "de um canto a outro do mesmo quarto".

Metafisicamente, a ausência se faz uma separação sem afastamento; emocionalmente, a privação da existência ganha substância, como se fosse um comparecimento emocional em todos os cantos da existência. O justo morre tão curado que continua fazendo parte da vida. E apesar de sua existência estar sob licença e isenção, ainda assim permanece real e efetivo.

• MORTE INTELECTUAL – CURA POR DESEMPENHO

> Reb Sussia estava agitado em seus últimos momentos de vida. Seus discípulos estavam alarmados em ver seu mestre intranquilo. "O que te aflige, mestre?", perguntaram. "Temo ter que enfrentar o Tribunal Celeste!", disse ele, com voz angustiada. "E o que tens a temer, mestre? Se tu, um homem santo e justo, tens receios, o que será de nós, que somos mundanos e profanos?" Então Reb Sussia respondeu: "Não temo que me questionem por que não fui da estatura de Moisés, um líder único e fundamental a seu povo. Posso dizer que não fui como Moisés porque não sou Moisés. E nem temo que me indaguem por que não fui como Maimônides, um pensador sem igual, impactando sua geração e todas as seguintes. O que realmente temo é que me perguntem: 'Sussia, por que não foste como Sussia?'."
>
> VOICES OF WISDOM, F. KLAGSBRUN, P. 117

Pertencente à tradição chassídica, essa história aponta a complexidade da vida consciente. Não apenas temos que nos responsabilizar pelas ações e omissões nesta vida, mas também por aquilo que nos furtamos a ser. Um dito talmúdico explicita essa severa condição:

> "Uma pessoa será cobrada em seu dia de julgamento por tudo que lhe era permitido e de que poderia ter usufruído em sua vida, mas que ela não realizou."
>
> (TALMUDE JER. KID 4:12)

Para que a morte tenha seu efeito de cura, é fundamental que a pessoa tenha vivido na plenitude do próprio potencial. Para morrer e sentir um alívio a nossas mazelas físicas, temos que morrer em excelente condição emocional, intelectual e espiritual. Enfermidades nessas três áreas impossibilitam que a morte assuma sua condição de cura para um ser humano consciente.

Poderíamos postular que, para morrer curado, é indispensável uma vida plena, caso contrário, a morte ganha contornos mórbidos. Importante ressaltar que essa condição não é apenas alcançada quando se viveu cronologicamente a vida em sua totalidade até a velhice. Em qualquer momento da existência, essa sensação pode ser real, mesmo que a vida não tenha sido vivida em todas as suas fases.

Viver é uma função sistêmica, e seu compromisso não é com exaurir ou concluir qualquer processo, mas tão somente com empenhar-se e arriscar-se. Em sua plenitude, qualquer que tenha sido o quinhão, ele será igualmente apropriado para a sua existência. Essa é a forma intelectual de curar na morte: quando percebemos que fomos tudo o que potencialmente poderíamos ser enquanto nos conferiram a vida. Nada do que está para além da vida é um passivo para nossa existência. O senso de débito que experimenta Reb Sussia é sempre um déficit com o passado, nunca com o futuro.

Esse compromisso não quitado esclarece que o único lugar mórbido está no território da vida não vivida, nunca no da morte. Já apontamos que a morte é, sistemicamente, um aplicativo da vida. Um bom desempenho de si, do tipo *I did it my way*, permite perceber na morte sua dimensão de cura. Como aquele que se exaure em uma festa e para quem uma boa cama, o descanso, é o apogeu ou um toque digno de um *connaisseur* na arte de viver.

• MORTE ESPIRITUAL – CURA PELA ARTE

> *Quando Reb Bunem estava à beira da morte, sua mulher começou a chorar copiosamente. Então ele disse: "Por que você está chorando? Para quê? Se minha vida toda foi para que eu aprendesse a morrer!"*
>
> VOICES OF WISDOM, F. KLAGSBRUN, P. 497

Aprender a morrer, considerando esse momento como a culminância da vida, é uma chave importante. O que poderia ser esse aprendizado? Sem que se compreenda a vida como parte de um sistema, jamais se alcança a proeza curativa no âmbito espiritual.

Há compreensões sobre a vida às quais só se tem acesso por via de nossa própria morte. Nada pode ser mais instrutivo à consciência do que esta experiência, e Reb Bunem quer estar desperto nesse momento para presenciá-la. Como uma visão da Terra refletida pelos olhos dos astronautas, nela há o raro panorama do todo, onde tudo se insere. Essa visão é, por definição, curativa, pois desmistifica muitas de nossas falsas construções sobre começo e fim, sobre sentido e sobre a própria vida.

Reb Bunem revela que não há como compreender a vida sem essa experiência. Ele resgata para a morte uma excitação e um maravilhamento típicos da vida. E talvez seja a isso que Reb Bunem aspire: experimentar a sua morte, vivo. Morrer vivo é um ato de esperança, de responsabilidade e de cura. Reb Bunem rejeita o choro mórbido da esposa e a convida a estar com ele como em todos os outros momentos de sua vida. Na verdade, mais do que em todos os outros momentos! Seja na entrada, seja na saída de uma função sistêmica, as conexões e implicações ficam mais exacerbadas. É assim que, subitamente, brilham no céu laivos de razões para aquilo que não tem razão. Um espetáculo único na aurora existencial!

Reb Bunem rende homenagens a este momento porque a graça e o mistério da vida estão em nossa finitude. A vida só tem o brilho e o prazer por este condimento dado pelo Criador nos últimos momentos da criação. O fim fez a vida viva, porque mais vivo é o que vive uma única vez.

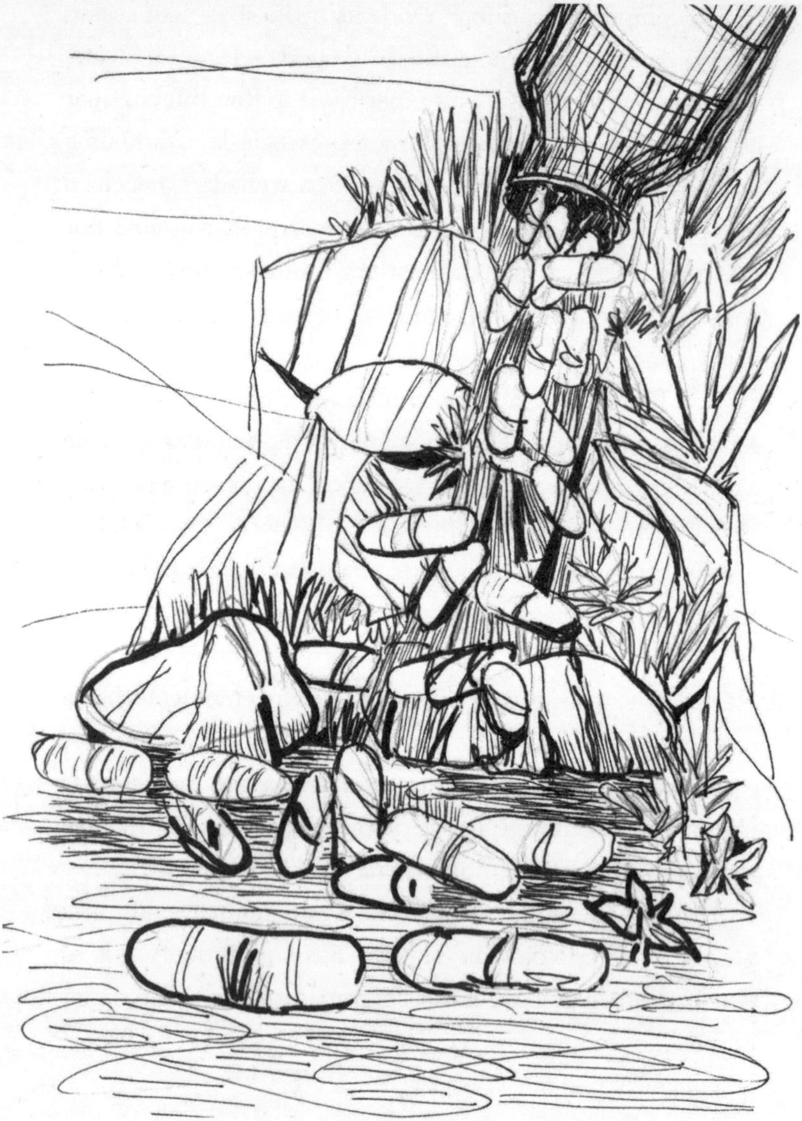

APÊNDICE

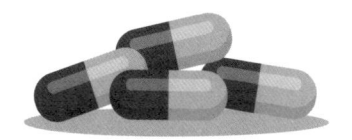

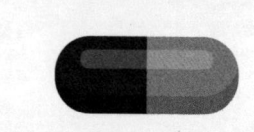

Cura e academia

"Aquele que cuida de seu corpo é uma pessoa piedosa." (Prov. 11:17)

Ao terminar uma aula com seus discípulos, Hilel saiu da casa de estudos e dirigiu-se para a casa de banhos. Perguntaram a ele: "Mestre, para onde estás indo?" "Estou indo cumprir um preceito [religioso]", respondeu. "Numa casa de banhos? E que preceito seria esse?", reagiram. O mestre respondeu: "Se reis comuns contratam pessoas com a exclusiva incumbência de lavar e manter suas estátuas de mármore, maior ainda deve ser o cuidado para com o Rei dos reis, tratando de nosso corpo, que Ele criou à sua imagem e semelhança!"

Lev. Raba 34:3

A ida de um mestre do estudo para a casa de banhos, para o gym da época, causa estranheza. No entanto, não é por acaso que as palavras ginásio e academia se referem tanto a esporte quanto a estudo. Cuidar da mente e do corpo é a função sistêmica da vida humana. Aqueles que cuidam apenas de um deles descumprem o que aqui é tratado como "preceito".

Quando estudamos e quando cuidamos do corpo estamos curando. A própria ciência fala que essas duas práticas são essenciais. O cérebro se regenera no uso, e o mesmo fazem os músculos e as articulações. O desuso é um crime sistêmico tal como desnutrir-se ou sufocar-se. Por estudo, entenda-se a continuidade do processo de engajar-se com inovação e criatividade; por ginástica, entenda-se a capacidade de sustentar agilidade, flexibilidade e força. Quem estuda se cura de várias formas de demência e esclerose; quem dá trato ao "mármore", sara rigidez, imobilidade e patologias da circulação e respiração.

Cura e afeto

> Rabi Mordechai Leib recebeu a notícia de que seu amigo, o Rabi de Berdichev, estava doente. Em suas rezas, proferiu várias vezes o nome de Berdichev, pedindo por sua melhora. Depois calçou os sapatos novos de marroquim, amarrou-os bem e dançou. Um justo, que estava presente, relatou: "Uma força emanou da dança; cada passo era um poderoso segredo. Uma luz desconhecida inundou a casa, e quem observava pôde ver as cortes celestes dançando também."
>
> VOICES OF WISDOM,
> F. KLAGSBRUN, P. 497

Essa história revela as sublimes conexões que temos com o sistema maior. Danças evocam, querem estremecer e manifestar forças. Não fica claro, na história, se esse fenômeno descrito pelo justo se reverteu em saúde para o amigo de Rabi Mordechai Leib, nem mesmo se o sarou.

No entanto, as cortes celestes, de onde emanam os decretos do sistema maior, são sensíveis ao afeto que vincula toda a rede da vida. Cada passo da dança representava um poderoso segredo que revelava suas estrelas em plena escuridão. A dança faz olhar para as cortes celestes, para o escuro de cima. E pela virtude de alguém que não se deixa paralisar pelo escuro das quinas, os céus também acompanham a dança.

O escuro não terá desaparecido, mas o afeto terá indicado na direção da coreografia estelar, onde breus e brilhos se entrelaçam.

Cura antes da doença

Não sofra desnecessariamente; um coração alegre mantém uma pessoa viva e prolonga os seus dias; a raiva diminui a expectativa de vida e a ansiedade envelhece. Uma pessoa contente tem apetite e cuida do que come.

BEN SIRA 30:21

Comida e vinho devem ser ingeridos em quantidades apropriadas. A sabedoria da ingestão e do consumo é oculta das massas, que buscam se embuchar e embebedar.

MAIMÔNIDES (*PRESERVAÇÃO DA JUVENTUDE*)

Há curas que só são possíveis antes das doenças. Em geral, são curas de doenças por acúmulo ou recorrência.

A prevenção em relação aos sentimentos, tal como a tristeza e a ansiedade, impede que eles degenerem em sofrimentos. Igualmente, a prevenção sobre os sentidos, tal como a fome e a sede, evita que se agravem em dores.

A conversão de sentidos e sentimentos em consumos demanda competência, algo que na experiência de Maimônides é raro entre as massas. Reconhecendo essa dificuldade, o provérbio chinês resume: "Coma metade, ande o dobro e ria o triplo!"

Cura e crescimento

Rabi Huna disse: "[Deus disse] 'E eis que era bom!'"
(Gen. 31:1)

Isso se refere à prosperidade. E depois: 'Eis que era muito bom!' – isso se refere ao sofrimento. Como pode o sofrimento ser descrito como 'muito bom' quando a prosperidade é apenas 'boa'? A verdade é que o ser humano cresce em períodos difíceis. O rei Salomão menciona isso: 'Reprovações e adversidades são o caminho da vida.' (Prov. 6:23)

Vá e descubra quais caminhos levam o ser humano à vida. Temos que reconhecer que esses caminhos incluem alguma medida de sofrimento.

BER 60B

Toda cura é acompanhada de um crescimento que não existia na saúde. Nas situações em que saramos, esse crescimento fica passivo – nós o possuímos como algo em profundidade, mas não como um comportamento superficial. Significa que esse sofrimento torna as pessoas mais inspiradas e mais sensíveis. No entanto, nas situações de cura em que inteiramos, em vez de sarar, esse crescimento se torna ativo em comportamento e nos faz mais verdadeiros e compassivos.

Fato é que a prosperidade não lapida o ser humano como o sofrimento. Para o texto bíblico alguma medida de sofrimento lubrifica certas qualidades humanas. A empatia, a escuta e a solidariedade dependem de algum estoque pessoal de sofrimento.

Os curados, seja por sarar ou *healing*, dispõem de superpoderes de humanidade. Cada tipo de sofrimento oferece um distinto uniforme a estes super-heróis a ser trajado no momento certo, quando porventura o caminho da vida demandar.

Cura e direito

Duas pessoas estão numa jornada [em um deserto ou em um lugar inóspito] e lhes resta um único cantil de água. Caso ambas bebam, ambas morrerão; mas se apenas uma beber, logrará chegar a um lugar habitado. Ao saber disso, Ben Petura opinou: "É melhor que ambos bebam e que ambos morram, em vez de que um deles cause a morte de seu companheiro." Ouvindo o que disse Reb Petura, Rabi Akiva veio e ensinou: "'Para que teu irmão possa morar contigo!' (Lev. 25:36).

[Contigo] implica que sua vida tem precedência sobre a vida de seu companheiro."

Essa conjectura sobre os limites éticos tem relação direta com a cura. Na situação apresentada, emerge uma das fronteiras mais sutis da civilidade. Em que condições é moralmente aceitável salvar a vida quando isso implica o óbito do outro? Toda a sociabilidade é construída para "que irmãos possam morar contigo". Os valores de Ben Petura são fundamentais para a convivência, mas Rabi Akiva vem alertar que o alicerce do contrato social é "contigo", a responsabilidade que cada um tem por sua integridade física.

Não nos interessa diretamente o debate filosófico sobre a questão, mas a maneira contundente com que se expõe o compromisso que temos conosco. Para a cura, que na maioria das vezes passa ao largo desta questão de implicar um dano ao outro, o que fica evidente é o argumento a *fortiori*: se nesse caso se deve preservar a própria vida a custo tão alto, muito mais então é preciso fazer numa situação que não demande tais sacrifício e mal-estar. Quem está em processo de cura tem a obrigação de autocentrar-se e concentrar-se exclusivamente em sua melhora. Uma das armas secretas da cura é o "dane-se!"

Diz-se "dane-se!" não só aos outros, mas também a nossos constrangimentos, inibições e inseguranças pessoais.

Cura e etiqueta

Uma pessoa veio visitar um homem enfermo e o inquiriu sobre sua doença. Depois de ouvir seu relato, o visitante comentou: "Pois é... meu pai morreu da mesma doença!" Vendo que seu comentário deixara o enfermo perturbado, o visitante tentou consertar: "Mas não se preocupe, seu caso é diferente e vou rezar muito por você!" Ouvindo isso, o homem doente respondeu: "E quando você rezar, não se esqueça de incluir o pedido para que eu possa ser dispensado de visitas como a sua!"

CAMINHOS DO BEM, RABI ZVI EDELMAN

Visitar é adentrar o espaço de outra pessoa. E qualquer um que venha a seu espaço, de alguma forma, o está invadindo. Lembro-me de um estágio que fiz como capelão de hospital, visitando enfermos, e do choque que era revisar meu verbatim – as transcrições das interações que tinha com os pacientes. Este verbatim era posteriormente analisado com um supervisor incumbido de melhor instruir-me sobre a arte de visitar.

O choque ocorria por conta das inúmeras gafes, até então invisíveis para mim, cometidas ao evadir-me de alguma menção ou tema específico trazido pelo doente sobre suas dores e sofrimentos. Com todo o preparo e zelo para tentar me apresentar como um bom visitante no espaço do outro, ainda assim era difícil evitar os grosseiros desvios para a órbita de minhas próprias questões. Quando nos despimos de nossa agenda e adentramos na terra do outro, experimentamos o mesmo medo que vive um imigrante.

No entanto, essa é a única razão terapêutica para se realizar uma visita. Porque quando se adentra o espaço do outro, aí sim o outro pode passear também para fora de si. A simples presença de outro em nossa terra modifica a paisagem e oferece oportunidades para a luz adentrar.

Cura e igualdade

Enquanto estava sentado ao lado da cama de Rabi Nachman, Rava viu que a morte se aproximava. Disse Rava: "Diga ao Anjo da Morte para que não me torture!" Ao que Rabi Nachman reagiu: "Mas tu és uma pessoa muito honrada, fala tu diretamente com ele!" Rava retrucou: "Quem é honrado, quem é distinto, e quem tem privilégios diante do Anjo da Morte?"

VOICES OF WISDOM,
F. KLAGSBRUN, P. 493

A morte espelha essa virtude igualitária.

Certa vez, num enterro, enquanto baixavam o caixão, ouvi um reputado comunista sussurrar: "Este é o único lugar em que somos todos realmente iguais!". Essa compreensão é equivocada porque não somos iguais apenas perante a morte, mas diante da vida. Claro, nascemos únicos, com capacitações e fraquezas, mas a força da vida e de sua cura é igual em todos os seres vivos. Tal como no comunismo, essa premissa não impede que cada um tenha uma saúde específica, alguns favorecidos e outros prejudicados. Isso acontece, no entanto, apenas na constituição física de cada organismo e não na força vital que trata e persegue a cura.

A força vital por cura é igualitária e tem sua origem na vida. Todos possuem essa pulsão com a mesma disposição. As diferenças decorrem das circunstâncias de constituição ou exposição a que está submetido um indivíduo. A vida e sua viabilidade nunca se dão por privilégio, apesar de termos destinos e sortes individuais distintos. Tolo é aquele que crê em prerrogativas e imunidades. Se a vida não tiver sido suficientemente convincente para ensinar isso, caberá ao Anjo completar tal lição.

Cura e iniciativa

Um senhor já em idade avançada vai ao médico reclamando de dores numa das pernas. O médico examina e diz: "O senhor sabe... é parte da vida que com o envelhecimento as pessoas venham a sentir dores como essa que vem sentindo na perna..."

O senhor logo interrompeu: " Não me venha com essa conversa de envelhecimento.... Porque a outra perna tem a mesma idade e não está doendo!"

Às vezes, não é pela ciência que precisamos de uma segunda opinião, mas pelo olhar para a vida. Diferenças de perspectiva na compreensão da realidade têm grande impacto no resultado de tratamentos e da cura.

Apesar de estar apresentando uma faceta real da vida, o médico não está atendendo o paciente. Quem perguntou a ele sobre filosofia ou sobre o curso da vida? A anedota revela uma questão mais profunda: respostas lógicas e que fazem sentido, generalizam e mascaram a necessidade de diagnóstico e tratamento.

Essas lógicas, essas "coerências", são falsos atendimentos. O que dizemos quando escutamos ideias? Dizemos: *"Faz sentido...."*. Porém é muito diferente nossa reação quando ouvimos algo verdadeiro... Nesses casos dizemos: *Amém!*

Quando o médico não acolhe seu pleito, ou quando diante da dor lhe apresentam "falsos atendimentos", saiba reconhecer que é hora de uma segunda opinião. Iniciativa e ação costumam produzir excelentes resultados.

Cura e mágica

> Quando em dúvida se um paciente vai viver ou morrer, não se deve procurar um curandeiro. Se o paciente, porém, está realmente em processo terminal, lhe é permitido procurar um curandeiro.
>
> Não deveríamos, no entanto, considerar a "vida momentânea" [os últimos momentos de uma pessoa] e não colocá-la em risco?
>
> Em momentos como este, a "vida momentânea" não deve ser considerada.
>
> TALMUDE AV.ZR, 27B

Quando o conhecimento já não sabe curar, surge a busca por algo além. Estamos falando da arte de se atender a um desejo independentemente da potência para realizá-lo. A isso denomina-se mágica. Às vezes, este é o território do inexplicável, porém, em boa parte do tempo, se trata apenas de uma vontade, sempre presa fácil de manobras e charlatanismos.

O texto fala do quão legítima é a busca pelo improvável quando se está em desespero. A causa é tão grande que torna relevante a ínfima chance de estarmos diante do inexplicável. Porém, o texto questiona se, ao atender essa solicitação, não se estaria colocando em risco a qualidade de vida restante. "Vida momentânea" é a vida sem promessa de futuro, sua verdadeira e intolerável condição. Entretanto, o que a consciência mais faz é negar essa realidade e dedicar-se a produzir futuros e projetos.

Tanto nas encruzilhadas mais importantes da vida quanto na morte, vislumbramos esta "vida momentânea" em sua nudez real. Nessas encruzilhadas, temos que fazer escolhas entre vida [momentânea] e projeto [vida imaginada em futuros]. O texto é corajoso e traz essa dúvida: não seria justamente esse o momento para priorizar a qualidade da vida momentânea? Levando-se em conta que investir em esperança aumentará a preocupação com o futuro, reduzindo a atenção ao presente, seria esta uma boa escolha?

Talvez por empatia com o sofrimento humano, o texto não é inflexível num momento como esse e libera esse recurso aos que o desejam. E talvez também por honestidade não se furte a retomar o assunto por outro ângulo:

> *Não se deve buscar tratamento médico com um curandeiro, mesmo que seja para prolongar um pouco a vida. Certa vez aconteceu de Ben Dosa, filho da irmã de Rabi Ishmael, ser mordido por uma cobra. Jacob, da aldeia de Shekhenia, veio então para curá-lo. Porém, Rabi Ishmael não aceitou o tratamento. Ben Dosa suplicou: "Ishmael, meu tio, permita que ele me cure e citarei para você uma passagem da Torá onde está dito expressamente que esse tipo de cura é permitido!"*
>
> *Mal tendo ele conseguido terminar a frase, sua alma partiu; justamente quando pronunciava a palavra "permitido", morreu. Rabi Ishmael exclamou: "Feliz de ti, Ben Dosa, que partes desse mundo puro e de alma plena, sem ter desqualificado as palavras das Escrituras: 'Aquele que invade a cerca, uma serpente o morderá'."*
>
> ECL 10:8

Aqui nesta segunda postura o olhar do rigor oferece outra escolha. Pareceria contraditório permitir e proibir sobre uma mesma questão. Ou talvez esse seja um recurso para realçar algo que é profundamente ambíguo. Na qualidade da "vida momentânea" estão nossas raízes, valores e crenças. Abrir mão delas com irrestrito consentimento em troca de cura e futuro, talvez isso impacte demais a coerência e a nobreza da vida. Essa é uma escolha sobre a qual somente o enfermo pode arbitrar.

Passar os últimos momentos no lugar "permitido" ou no lugar puro e pleno? Esta escolha delicada é uma polêmica para várias doutrinas e crenças. Não estamos falando da controvérsia de impedir o conhecimento de salvar, mas de entregar-se ao desconhecido para salvar. A questão está posta!

Cura e moderação

> *Oito coisas, se experimentadas em grande quantidade, são prejudiciais à saúde, mas, quando em pequenas doses, são positivas: Viagem, sexo, riqueza, trabalho, vinho, sono, banhos e sangria.*
>
> TALMUDE GUITIN 70A

Para um sistema, distúrbios são sempre originados por excesso ou escassez. Nada é em essência apenas bom ou mau, tudo depende de medidas e de proporções. Nessa lista, o texto está preocupado em apresentar coisas que o senso comum imagina ser irrestritamente benéficas. Para nossos dias, temos que atualizar o conceito de "sangria", comparando-as com a parafernália de fármacos à disposição.

Em excesso, viagem desregula; sexo expõe; riqueza deprime; trabalho estressa; vinho corrói; sono atrofia; banho resfria; e remédio intoxica. Em temperanças, todos curam: viajar renova, sexo vitaliza, riqueza nutre, trabalho revigora, vinho anima, sono energiza, banho higieniza e remédio previne.

Tudo isso para ressaltar que a cura é um processo constante de reequilíbrio, função essa que mais evidencia nossa natureza sistêmica.

Cura para o que não tem cura

> *Na derradeira hora, antes de expirar, o Rabi de Sassov viu o pai, Rabi Moshe Leib, e seu grande mestre Rabi Michal, postados diante dele. Entoou o canto "Ao Eternamente Vivo" [que enumera atributos que pertencem ao Criador]. Quando chegou ao verso que diz: "O saber e o discurso pertencem ao Eternamente Vivo", parou de cantar e falou: "Quando o homem chega ao fim, quando lhe são tomadas as forças do discurso e a força do saber, ele entrega a ambos, saber e discurso, ao Eternamente Vivo!"*

Temos aqui a descrição do processo final de cura do que não tem cura. Esse é o estágio denominado de morte clínica, de encerramento das funções vitais. Nossa descrição é acurada e apresentada em etapas.

Primeiramente, a presença ancestral revela a corrente à qual estamos atrelados. Pai e mestre estão aqui representando tudo o que formou essa personalidade. Estão no masculino porque é uma despedida da cognição e até muito recente, quando havia claras divisões de tarefas aos gêneros – cabia ao masculino educar e civilizar. Provavelmente a mãe e a avó povoaram estágios anteriores do desligamento orgânico, quando limitações desativaram funções, estabelecendo a falência generalizada de seus órgãos sistêmicos.

Em seguida, se aproxima a passagem. Ela é apresentada num contexto musical, com um hino da liturgia que enumera propriedades e faculdades que pertencem ao Criador e à Vida. O canto é a última plataforma de uma individualidade enquanto ser. Apenas nela podem percorrer alguns resquícios de pensamento que suportem lapsos e imprecisões sinápticas. A música consegue pensar sem encadeamentos graças às pausas e aos silêncios que lhe são inerentes. E entre notas musicais está aberto o caminho para o derradeiro momento de entrega a si mesmo.

Os elementos são claros, o discurso e o saber são restituídos à sua fonte. Tal qual o córtex e o cerebelo recebem suas últimas frações de oxigênio, o ser se dissolve na vida num ponto de não restauro. Não há mais o discurso e o saber, matrizes da governança sistêmica de um indivíduo. Aquele DNA e aquela narrativa vital já se cumpriram, e agora transcendem rumo ao sem-razão da vida.

Cura e súplica

"E Deus ouviu a voz do menino porque dali ele rezou." (Gen 21:17)

Da palavra "dali" se infere que rezou por si mesmo!

"A reza de um enfermo pedindo por si mesmo é mais efetiva do que a reza de qualquer outra pessoa."

A reza é a última fronteira da potência. Ela independe de uma narrativa específica de fé, porque pedir é algo mais do que legítimo. Quanto mais seguros e quanto maior a nossa autoestima, mais autenticamente pedimos. Pedir traz cura, não só pelo eventual atendimento, mas porque nos coloca num lugar apropriado e verdadeiro.

Pedir é dar a mão à vida, é prosseguir num diálogo que não se interrompe com desesperança. Por que haveríamos de achar que não há mais o que esperar, se no fluxo da vida tudo sempre foi uma grande surpresa? Você só não se surpreendeu nos momentos em que soltou a mão da vida e tentou tecer uma narrativa isolada. Esse diálogo, porém, se resgata nos instantes de arrebatamento ou de crise, e acontece no território do pedido e no estilo da súplica. Quem pede nunca fala sozinho, porque este é o modo verbal pelo qual a consciência se comunica com sua vida.

Sempre há algo a pedir. E a súplica é algo exclusivamente pessoal e intransferível.

Cura e resignação

Rabi de Zans costumava contar: "Em minha mocidade, quando me inflamava de entusiasmo, achava que poderia mudar o mundo. Logo descobri que era tarefa árdua demais para uma única pessoa e me dediquei a mudar as pessoas de minha cidade e cercanias, mas não houve meios de consegui-lo. Percebi que esta era uma empreitada ainda demasiadamente ousada e me concentrei nas pessoas da minha casa. Porém também não logrei a ventura de fazê-lo. Finalmente, caí em mim e pensei: 'Devo consertar a mim mesmo.' Mas tampouco isto eu consegui lograr!"

Essa história nos alerta que nem toda a resignação é uma falência. Para uma pessoa consciente, parte da cura é resgatar a compreensão de que integramos um processo evolutivo. Por mais capaz ou brilhante que seja, ninguém conseguirá se colocar fora deste quadrado.

Na história humana, não houve um só indivíduo que produziu revoluções perante a vida. Mesmo os maiores inovadores e os mais venerados profetas, o que fizeram foi avançar degraus evolutivos, às vezes por inúmeras gerações. Porém não produziram "conversões" revolucionárias imediatas. Suas ideias e conceitos continuaram a impactar dentro de moldes evolutivos.

Conhecer esta verdade nos ajuda a tratar a finitude. Moisés relutou em entregar-se à sua finitude. Foi preciso que a compaixão divina o levasse ao alto do monte Nebo, e que de lá das alturas contemplasse a terra na qual não adentraria. O alto revela o processo evolutivo de tudo e tranquiliza o ser humano, cuja verdadeira condição existencial é ser um elo da corrente. Nosso corpo não contém a vida; ao contrário, ela contém o corpo. A resignação à nossa temporalidade não deve ser um momento de humilhação, mas sim o momento em que a máscara do corpo cai, revelando quão ilusória é a convicção de que nele está a essência de nossa entidade.

Cura e o termômetro da dor

A cada véspera de sábado, Rabi de Kossov costumava dançar perante sua comunidade com o semblante inflamado, e todos sabiam que cada passo tinha profundos e sublimes significados. Certa vez, enquanto dançava, caiu sobre seu pé um pesado banco e ele teve que parar devido à dor. Mais tarde questionaram-no sobre o ocorrido. Disse ele: "Parece-me que a dor se fez sentir porque parei de dançar!"

THE HASIDIC ANTHOLOGY, P. 221

Como pontos de acupuntura que se conectam, assim é com a dança e a dor. Para os portadores da síndrome de Riley-Day, cuja principal característica é a insensibilidade à dor, aqui vai um artifício para reconhecê-la: toda vez que a dança cessar, há dor.

Assim como a "música da vida" nos dá compasso e inspiração, a "dança da vida" nos oferece balanço e júbilo. A expressão "perder o rebolado" manifesta a perda da capacidade de se empolgar e fascinar.

Os Salmos tentam resgatar a "música da vida" para aqueles que a perderam em apatia e desapaixonamento. Da mesma forma, índios, africanos, aborígenes, sufis, hindus e hassídicos tentam resgatar, por coreografias grupais, a "dança da vida" para aqueles que se desalinharam em arritmias, perdendo assim graça e molejo.

Quando a dança cessar, quando a propriocepção – a capacidade em reconhecer a localização espacial do corpo – se deteriorar, não permitindo que o indivíduo se localize em sua própria vida, saiba que por trás disso há dor, e que é necessário atendê-la em sua urgência!

Cura e vazios

O profeta Elias aconselhou Rabi Nachman: "Preencha 1/3 do estômago com comida, 1/3 com bebida e deixe 1/3 vazio. Se não fizer isso e, por acaso, venha a zangar-se, a zanga irá congestionar de humores seu estômago!"

Rabi Chya ensinou: "Quando estiver na mesa, contenha sua mão o suficiente [para não sair completamente cheio]. E não se contenha quando sentir o impulso de evacuar."

Disse Rabi Moshe Leib: "Um ser humano que não possui uma hora para si todos os dias não é um ser humano!"

TALMUDE, GIT. 70A

De maneira semelhante ao tema da moderação, os vazios sempre têm uma função para os sistemas. A música, a estética e todos os ciclos se curam por lacunas e hiatos. O vazio é parte inerente à alimentação, tal qual o líquido e o alimento. Esse 1/3 "sem nada" sustenta tanto a saúde quanto os nutrientes que ocupam o espaço.

Já Rabi Chya dá medidas às continências e incontinências. Conter as mãos é tão salutar quanto atender fluxos a fim de não constipar. Esses controles de ingestão e escoamento são típicos de sistemas e de sua governança.

Da mesma forma, o ócio revitaliza o negócio e o sustento. O descanso e o lazer dão vida ao sistema. Nossa dimensão orgânica se origina dessa diferença, em que nem todas as funções atentem a um sistema maior, mas ao sistema pessoal. A importância do tempo que é só nosso, dispensado das funções da vida e do sistema maior, é que por ele nos são conferidas existência e presença. Não somos robôs justamente porque temos uma ou mais horas do dia em que não fazemos nada e não estamos a serviço de nada. Nessas horas fazemos unicamente por nós e nos autoanimamos, ampliando autonomia e consciência.

Cura da única doença

> "... E eis que Miriam ficou leprosa como a neve.
> E clamou, pois, Moisés a Deus, dizendo:
> "Ó Deus, rogo-te que a cures!"
>
> NÚM. 12:13

Esta é a única ocasião em que a questão da cura é diretamente tratada em todo o texto da Torá. Em realidade, este é o único episódio no qual uma enfermidade humana é referida e em que o clamor por cura aparece.

As interpretações associam a lepra (*metsora*), o "mal de Miriam", com a maledicência ou a má língua (*motsi Ra*) pela semelhança sonora que esses termos possuem na língua hebraica. O curioso é que a lepra se apresenta com características de uma doença "autoimune" (ou "auto(im)pune") da qual se fica acometido ao falar mal do outro. Esse é exatamente o caso de Miriam, que critica Moisés com maledicência sendo então instantaneamente acometida da doença.

Para alguns comentaristas, ser a lepra a única doença tratada no texto deve-se ao fato de que ela acomete apenas seres humanos. Todas as demais doenças são partilhadas com outras espécies. O único atributo humano que nos diferencia de outras espécies é a fala. A fala representa toda a imensidão do pensamento e é símbolo da consciência, que identifica no Universo "sujeitos" e "verbos" e, a partir daí, adjetivos e advérbios.

A fala é o núcleo sagrado de nossa humanidade. O mau uso da fala, tornando-a sub-reptícia e visando ao dolo, é um mal unicamente humano. Essa singularidade produz também o pedido singular de Moisés por cura: *el na refá na la* (rogo-te que a cures!).

A natureza dessa doença "única" e a gravidade dessa súplica revelam a singularidade do conceito de cura para os humanos. O valor da vida é percebido na proporção da grandeza que lhe é conferida. Sofremos mais com a morte não apenas porque compreendemos sua existência, mas porque há um preço sistêmico a ser pago na morte humana. Se a função da vida é cumprida na maturação do corpo, o que fazer quando estão ali, agregados na "fala", outros potenciais que nos parecem desperdiçados pela finitude?

Essa é a exortação humana que irrompe em angústia: cure--a! Não é pelo corpo que buscamos resgate, mas por tudo o que a vida humana representa. De verdade, nos avanços evolutivos humanos a morte se tornou uma estratégia a ser revista.

Inventar a morte para a vida não foi fácil e exigiu um longo tempo. Talvez o mesmo tempo que demore em revisá-la. Verdade que o pleito já foi manifestado, e que as gerações avançam nessa reivindicação. Moisés, no piscar de olhos evolutivos que nos separam dele, talvez tenha sido o primeiro a assinar a petição: rogo-te que a cures.

Não seria mais a cura da enfermidade, mas a cura daquilo que não tem cura, algo que para os humanos é o sonho de ampliar suas funções sistêmicas para além da tarefa reprodutiva e evolutiva. Sonho ou utopia, talvez ousadia ou blasfêmia – porém, um novo som no Universo. Pela primeira vez há um grito ecoando o pedido para que o sistema reconsidere uma nova condição aos que falam. Nessa pretensão vocalizada para que se cure, há uma nova expectativa. Ela anseia não só por reparo e reabilitação, mas também pelo resgate a uma nova condição.

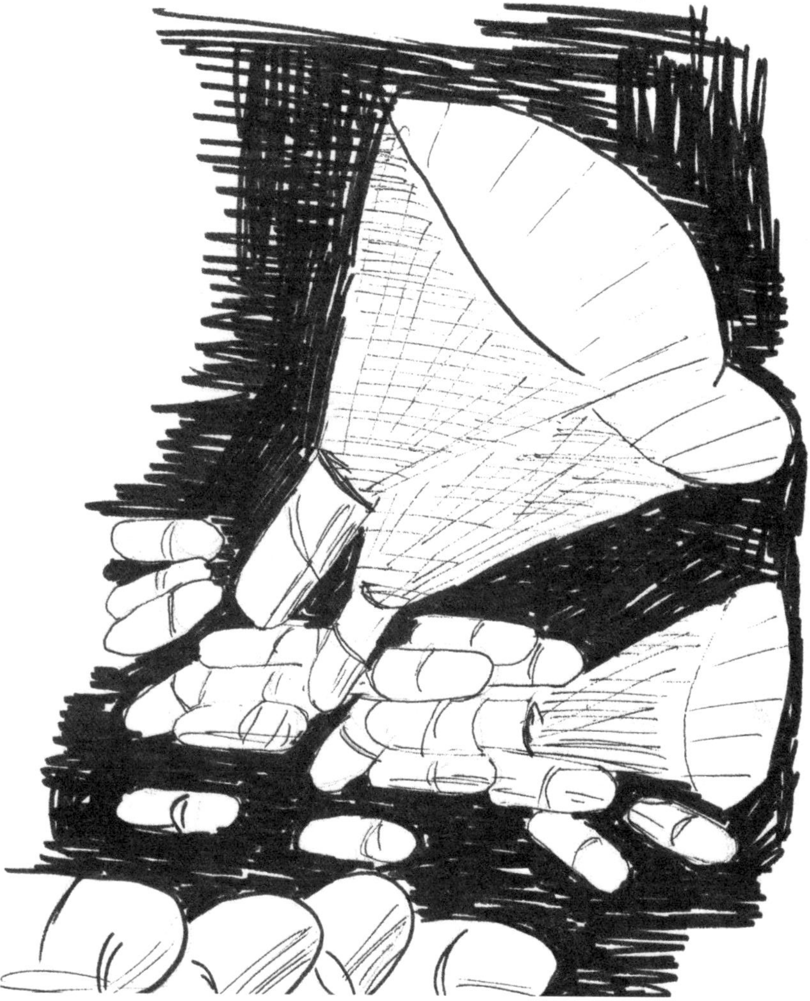

Nessa série *REFLEXOS E REFRAÇÕES* serão retratados os sete signos que formam a constelação simbólica das *Sefirot*, na tradição cabalística. Traduzindo a vida num espectro de manifestações, cada um dos livros, com seu título próprio, vai abordar uma distinta reflexão da existência: o risco, a cura, a alegria, o afeto, o ritmo, o sexo e o poder.

As reflexões, por sua vez, são tratadas em quatro diferentes refrações ou esferas: a física, a emocional, a intelectual e a espiritual.

Cabala e a arte da manutenção da carroça é o livro inaugural da série.